**Bom entretenimento**

**Dados Internacionais de Catalogação na Publicação (CIP)**
**(Câmara Brasileira do Livro, SP, Brasil)**

Han, Byung-Chul
  Bom entretenimento : uma desconstrução da história da paixão ocidental / Byung-Chul Han ; tradução de Lucas Machado. – Petrópolis, RJ : Vozes, 2019.
  Título original : Gute Unterhaltung : eine dekonstruktion der abendländischen passionsgeschichte
  Bibliografia.

  3ª reimpressão, 2025.

  ISBN 978-85-326-6046-6
  1. Artes – Aspectos morais e éticos
2. Desconstrução  3. Entretenimento
4. Estética moderna  5. Filosofia  I. Título.

19-23324                                                              CDD-100

Índices para catálogo sistemático:
1. Filosofia    100

Maria Alice Ferreira – Bibliotecária – CRB-8/7964

**BYUNG-CHUL HAN
Bom entretenimento
Uma desconstrução da
história da paixão ocidental**

Tradução de Lucas Machado

EDITORA
VOZES

Petrópolis

© 2018 Matthes & Seitz Verlag, Berlim.

Tradução do original alemão intitulado
*Gute Unterhaltung*

Direitos de publicação em língua portuguesa – Brasil:
2019, Editora Vozes Ltda.
Rua Frei Luís, 100
25689-900 Petrópolis, RJ
www.vozes.com.br
Brasil

Todos os direitos reservados. Nenhuma parte desta obra
poderá ser reproduzida ou transmitida por qualquer forma
e/ou quaisquer meios (eletrônico ou mecânico, incluindo
fotocópia e gravação) ou arquivada em qualquer sistema ou

**CONSELHO EDITORIAL**

**Diretor**
Volney J. Berkenbrock

**Editores**
Aline dos Santos Carneiro
Edrian Josué Pasini
Marilac Loraine Oleniki
Welder Lancieri Marchini

**Conselheiros**
Elói Dionísio Piva
Francisco Morás
Teobaldo Heidemann
Thiago Alexandre Hayakawa

**Secretário executivo**
Leonardo A.R.T. dos Santos

**PRODUÇÃO EDITORIAL**

Anna Catharina Miranda
Eric Parrot
Jailson Scota
Marcelo Telles
Mirela de Oliveira
Natália França
Priscilla A.F. Alves
Rafael de Oliveira
Samuel Rezende
Verônica M. Guedes

*Editoração*: Maria da Conceição B. de Sousa
*Diagramação*: Sheilandre Desenv. Gráfico
*Revisão gráfica*: Nilton Braz da Rocha
*Projeto gráfico de capa*: Pierre Fauchau
*Adaptação de capa*: Editora Vozes

ISBN 978-85-326-6046-6 (Brasil)
ISBN 978-3-95757-275-2 (Alemanha)

Este livro foi composto e impresso pela Editora Vozes Ltda.

# Sumário

*Prefácio à nova edição*, 7

*Prefácio*, 9

Doce cruz, 11

Sonhos de borboleta, 40

Sobre o luxo, 62

Satori, 76

Entretenimento moral, 97

Entretenimento saudável, 117

O ser como paixão, 136

Um artista da fome, 170

Serenidade em relação ao mundo, 184

Uma metateoria do entretenimento, 195

# Prefácio à nova edição

*A história do Ocidente é uma história da paixão; o desempenho é a nova fórmula da paixão. Ela surge novamente como uma corruptora do jogo. Propriamente ditos, trabalho e jogo se excluem mutuamente. Hoje, porém, mesmo o jogo é submetido à produção. Ele é gamificado.*

*A sociedade de desempenho permanece uma sociedade de paixão. Mesmo jogadores se dopam a fim de poderem produzir mais. O entretenimento derivativo que ainda ocorre paralelamente aí tem algo de caricatural. Ele degrada-se em um desligamento espiritual. Se o tempo da paixão deve ser de fato superado, haverá não apenas o bom entretenimento, mas também o belo entretenimento; a saber, o entretenimento por meio do belo. Sim, haverá novamente o JOGO.*

# Prefácio

> *O seu personagem é paixão. A música não padece no ser humano, não toma parte ela mesma em seu agir e em sua emoção: ela padece a seu respeito [...]. A música deita [...] em carne e osso nos ombros dos seres humanos a canção que as estrelas acima dele demandam.*
> Theodor W. Adorno

> *Escrita como uma forma de prece.*
> Franz Kafka

Através de toda a ubiquidade do entretenimento se constata atualmente algo fundamentalmente novo. Uma mudança fundamental começa a se desenvolver no que diz respeito à compreensão do mundo e da realidade. O entretenimento se eleva hoje a um novo paradigma, sim, mesmo a uma nova fórmula do ser, que decide sobre o que é *passível de pertencer ao mundo* [*weltfähig*] e o que não é, sim, sobre o que *é* em geral. Assim, a realidade se apresenta ela mesma como um *efeito* especial do entretenimento.

A totalização do entretenimento tem um mundo hedonista por consequência, que é interpretado e degradado a partir do espírito da paixão como decadência, como nulidade, sim, como não-ser. Em essência, porém, paixão e entretenimento não são inteiramente diferentes. A pura ausência de sentido do entretenimento é avizinhada do sentido puro da paixão. Ao sorriso do tolo se assemelha fantasmagoricamente o rosto distorcido de dor do *homo doloris* [homem da dor]. Esse penhora a felicidade [*Glück*] em troca da bem-aventurança [*Glückseligkeit*]. Esse paradoxo deve ser examinado.

# Doce cruz

> *Por ti, fonte de todos os bens*
> *Me foi feito muito bem*
> *A tua boca me deleitou*
> *Com leite e doce sustento*
> *Teu espírito me dotou*
> *Com cobiça pelo firmamento*
> Johann Sebastian Bach. *A paixão segundo*
> *São Mateus.*

Quando A paixão segundo São Mateus foi tocada pela primeira fez na Sexta-feira Santa no ano de 1727 na Igreja de Santo Tomás, em Leipzig, todos mergulharam, assim se relata em uma crônica, no "maior espanto". "Altos ministros e damas nobres" olharam uns para os outros e disseram: "O que deve vir daí?" Diante do assombro, uma viúva devota teria dito: "Deus, protegei vossas crianças! É de fato como se se estivesse em uma ópera ou em uma comédia". Assim relata um certo Gerber em sua *História das cerimônias de igreja na Saxônia*[1]. Gerber, que poderia

---

1. GERBER, C. *Historie der Kirchen-Ceremonien in Sachsen* [História das cerimônias de igreja na Saxônia]. Dresden, 1732, p. 284.

muito bem ter sido um rigoroso kantiano, reprova a disseminação crescente da música na missa. Ele lamenta que haveria "ânimos" que teriam deleite com "uma tal coisa vã"; que; portanto, seriam "sanguíneos e inclinados à luxúria". *Música e paixão não são compatíveis*: "Por mais que uma música moderada possa permanecer na igreja, [...] é, porém, conhecido, que frequentemente se excede aí [os limites], e se poderia querer dizer, como Moisés: E agora basta, filhos de Levi! (Nm 16,7). Porque [essa música] soa frequentemente profana e mesmo engraçada, de modo que tal música estaria melhor situada em um piso de dança ou em uma ópera do que na missa. No mínimo, a música quer, segundo a opinião de muitos corações devotos, quando ela é cantada, levar à paixão"[2].

A paixão segundo São Mateus também deve ter soado teatral e como ópera demais para os membros do conselho de Leipzig. A sua *performance* acentuou a tensão já existente entre eles e Bach. Assim, o conselho decidiu

2. Ibid., p. 283.

diminuir a remuneração de Bach. No contrato que este assinou como o "organista da Escola de Santo Tomás", está escrito: "Pela manutenção da boa ordem nas igrejas que performem músicas de tal tipo que não sejam longas demais; também, portanto, sejam constituídas de tal modo que não soem como ópera, mas sim muito antes encorajem os ouvintes à devoção"[3]. Essa cláusula digna de nota ao ofício do organista aponta para a hibridização crescente da música sacra por meio da música profana.

Lentamente, a música sacra se afastou do contexto litúrgico e se aproximou da música de concerto moderna burguesa: "Com tal infiltração na música de igreja pelos componentes do estilo 'teatral' da cantata e da ópera, que foram intensamente combatidos pelos pietistas [...], se indicou um caminho para as figuras musicais, caminho no início do qual reluz o ideal musical da opera de Gluck e do oratório de Haydnschen"[4].

---

3. Apud TERRY, C.S. *Johann Sebastian Bach*. Frankfurt a.M., 1985, p. 154.

4. WILIBALD, G. *Johann Sebastian Bach*. Kassel, 1980, p. 54.

De um lado, a vida musical do tempo de Bach é crescentemente dominada pela leveza estrangeira, pelo ruído dos sentidos, pela luxúria farta e opulenta. "Apreciador" e "amante" constituem o novo público musical. Para esses, trata-se primariamente do gozo e da formação do gosto. Do outro lado, se erguem, também no círculo da ortodoxia luterana, vozes críticas contra a música artística na missa. Parte, do movimento pietista, uma rigorosa inimizade à música. São toleradas apenas canções pias, que são cantadas quieta e intimamente ao som de uma melodia simples. A música não deve inundar a *palavra*, não deve adquirir qualquer propriedade. Gerber invoca Dannhauer, que era o professor do fundador do pietismo, Philipp Jacob Spener: "Não observamos e consideramos a música instrumental senão na medida em que ela seria um adorno de nossa igreja, mas não pertenceria, de modo algum, à essência da missa. Justamente esse grande teólogo objeta também ao costume introduzido de que se cante com vozes sob a música instrumental, pois as palavras são cantadas de tal modo que ninguém pode entendê-las corretamente se os instrumentos soam e zumbam [...]"[5]. Crendo que a disseminação da música de igreja não poderia ser impedida, Gerber recomenda aos seus leitores, as "boas almas", a "suportá-las pacientemente" e a não sentir nenhum "repúdio na missa"[6].

Gerber teria preferido remover todos os órgãos da igreja. "Sim, também não basta um órgão, mas em algumas igrejas é preciso mesmo haver dois, de modo que se tem vontade de dizer: para que se precisa desse traste"[7]. O uso do órgão deve, segundo Gerber, ser reduzido à função de manter o tom certo no canto, de modo que seja possível cantar a canção até o final. "Os órgãos são, de certo modo, muito úteis em uma missa, pois eles servem para começar as canções no tom certo e também para continuar cantando-a em um tom e trazê-la ao seu fim. Pois, caso contrário, ocorre facilmente

---

5. GERBER, C. *Historie der Kirchen-Ceremonien in Sachsen*. Op. cit., p. 282.

6. Ibid., p. 289.

7. Ibid., p. 279.

de que o precentor, o organista ou o mestre de escola deixe o tom se perder e vir abaixo, e a canção mal pode ser trazida ao seu fim"[8]. Assim, se tira do órgão qualquer valor estético próprio. O zumbido dos instrumentos apenas dificulta o entendimento do texto. A música instrumental deve ser dizimada em nome da *palavra*: "A missa consiste na reza, canto, louvor, escuta ou consideração da Palavra divina, para o que órgãos e outros instrumentos musicais não são necessários. A primeira Igreja cristã também não usou dos mesmos de duzentos a trezentos anos"[9].

A música de igreja é, portanto, um mero "adorno". Ela é *exterior* à "essência da missa". Gerber invoca Theophil Grossgebauer, que se aproxima, em sua inimizade fundamentalista à música, dos pietistas. Seu escrito cheio de entusiasmo profético, *Voz da guarda da desolada Sião* (1661), é citado: "Os jogos musicais divertem demais o ânimo para que, por meio

---

8. Ibid.

9. Ibid.

deles, o coração devesse ser direcionado interiormente para as coisas divinas"[10]. A música é o *exterior* do qual o *interior* tem de ser protegido: "Oh, não diz Heyland expressamente que o Reino de Deus não viria com corrupções exteriores, mas sim estaria dentro de nós?"[11] A música aqui é degradada a um *acréscimo*, a um "tempero sensível", que é exterior ao "verdadeiro sabor da palavra", tal como o "açúcar", que "adocica" o "remédio divino"[12].

É problemática a divisão estrita entre interior e exterior, entre coração e ânimo, entre essência e adorno ou entre sabor e tempero. O tempero não seria, afinal, parte essencial do sabor? Não haveria uma palavra divina que, em vez de ser um "remédio" amargo, já fosse, *enquanto tal, doce*? Deus se manifesta, afinal, para o "paladar" da alma de ânimo místico,

---

10. Ibid., p. 285.

11. Ibid., p. 288s.

12. Cf. BUNNERS, C. *Kirchenmusik und Seelenmusik* – Studien zu Frömmigkeit und Musik im Luthertum des 17 Jahrhunderts. [Música de igreja e música da alma – Estudos sobre religiosidade e música no luteranismo do século XVII]. Göttingen, 1996, p. 65.

como "doçura suprema"[13]. Como então, porém, distinguir entre o doce de Deus e o doce da música?

De fato, os pietistas combatiam a dança. Mas a melodia de suas canções religiosas era, paradoxalmente, marcadamente dançante. Algumas dessas canções soavam como minuetos. Assim, um autoproclamado "amante do puro Evangelho e amigo da saudável teologia" nota ironicamente que essas canções pietistas se prestavam "mais à dança do que à devoção", "que é preciso se deixar empurrar; uma nova canção será cantada segundo a melodia, já que o avô tomou a avó"[14].

Contra o "estilo e tom" que enfeitiça o "pobre povo"[15], Grossgebauer sublinha constantemente a prioridade da *palavra*. Apenas

---

13. Ibid., p. 129.

14. Cf. BUSCH, G. & MIESERMANN, W. (eds.). *"Geistreicher" Gesang* – Halle und das pietistische Lied. [Cantada "com mais espírito" – Halle e a canção pietista]. Tübingen, 1997, p. 205.

15. GROSSGEBAUER, T. *Drey Geistreiche Schriften* – Wächterstimme aus dem verwüsteten Zion [Três escritos cheios de espírito – A voz de guarda da desolada Sião]. Vol. 1. Frankfurt, 1710, p. 215.

a Palavra de Deus permite que surja a alegria divina. É uma "sabedoria", segundo Grossgebauer, "trazer a Palavra de Deus a belos salmos / e em melodias graciosas infundir no coração pelos ouvidos a Palavra de Deus". Nenhuma felicidade divina é dada, porém, por aquela "atroz deusa feminina Cibele", que faria "o tom do jogo de páginas tão alegre", "que ela derramaria o seu próprio sangue"[16]. O tom frígio, o tom do êxtase e da paixão aponta para a música orgástica de Cibele ou do culto de Dionísio. Para Grossgebauer, seria repulsiva na missa uma música cibélica, que levaria ao êxtase ou ao esquecimento da Palavra. Ele não se distancia, porém, de maneira consequente de toda embriaguez. Ela retorna novamente. É que, como um "doce vinho", os salmos devem embriagar o "espírito": "Assim como o beberrão se torna cheio de vinho / do mesmo modo a paróquia deve se tornar cheia de espírito. De que meios o apóstolo dispõe às nossas mãos / para que possamos nos tornar cheios de espírito? / De nenhum outro senão dos salmos, / can-

16. Ibid., p. 192.

ções espirituais cantadas em louvor. Isso é o doce vinho / que a comunidade tem de beber / caso ela queira se tornar cheia de espírito"[17]. Como, porém, distinguir entre a embriaguez do espírito e a embriaguez do ânimo? Há, de fato, uma diferença fundamental entre a embriaguez da palavra e a embriaguez do instrumento, entre o vinho divino e o profano? Deus, um sinônimo para o deleite *absoluto*? A cantora pietista Anna Maria Schuchart, que é conhecida pelos seus êxtases e visões, teria, desperta de seu "torpor em sono profundo", supostamente cantado:

> Vós já estais no céu aqui
> Deveis beber todo o tempo
> O sangue de Cristo
> Pelo seu bem previsto
> Na cruz escorrendo
> Dos ferimentos de Cristo correndo
> [...]
> Veja as mais belas alegrias
> No céu tu guias
> [...]
> Se o mundo está afundado nisto
> No abismo = inferno a queimar
> Vem trazido Jesus Cristo

---

17. Ibid., p. 191.

Quer os pios levar
Do mundo em sua senda
À sua tenda
E a coroa colocar
Dela eternamente gozar[18].

A tarefa consistiria, segundo Grossgebauer, portanto, em não misturar o sangue sagrado, o sangue de Cristo, e o sangue de Cibele. Eles, porém, são tão semelhantes em seu gosto. Ambos são, afinal, *doces*. E ambos embebedam.

Segundo Gerber, os amigos da música artística na missa são "sanguíneos e inclinados à luxúria". O libretista de A paixão segundo São Mateus, Christian Friedrich Henrici, com quem Bach teria se entendido bem[19], deve possivelmente ter sido um sanguíneo. Em *Biografia alemã universal* (1880) se encontram as seguintes declarações sobre Henrici: "Por mais

---

18. Cf. BUSCH, G. & MIESERMANN, W. (eds.). *"Geistreicher" Gesang* [Cantata com mais espírito]. Op. cit., p. 102.

19. Emil Platen aponta para o "fato incomum" de que Bach destacou especialmente na capa de sua partitura os libretistas com escrita caligráfica. Cf. PLATEN, E. *Die Matthäus-Passion von Johann Sebastian Bach* [A paixão segundo São Mateus, de Johann Sebastian Bach]. Kassel, 1991, p. 72.

que não [fosse] sem talento para a poesia [...] buscava, por meio de piadas de mau gosto e gracinhas rudes extremamente imorais [...] agradar almas brutas, e nisso ele foi também excepcionalmente bem-sucedido. Por isso, porém, o desprezo da parte mais refinada de seus contemporâneos, assim como da posteridade, foi a sua recompensa mais do que merecida". Todas as suas poesias transbordavam, assim continua, com "modos de falar proverbiais e, às vezes, dos mais peculiares", que "muito frequentemente [são] de natureza obscena"[20]. Justamente esse Henrici, também conhecido como, Picander, que tendia à obscenidade, era o libretista de *A paixão segundo São Mateus*. Ele também é o compositor de algumas cantatas profanas de Bach, como a *Cantata do café* (BWV 211). Aqui, "Lieschen" canta uma *Ária da luxúria*:

> Ai! Como o gosto do café é doce,
> Como se mais doce do que mil beijos
> ele fosse

---

20. LILIENCRON, R.F. *Allgemeine Deutsche Biographie* [Biografia alemã universal]. Vol. 11, Leipzig, 1880, p. 784.

> E mais suave do que vinho moscatel
> ele é.
> Café, café eu preciso tomar
> E se alguém ao deleite quiser me levar
> Ah, então me presenteie com café!

Picander certamente não era um homem religioso, como também a *Biografia alemã universal* dizia. Ele deve ter se portado de maneira muito cética frente ao conteúdo das histórias de paixão. A *Ária da luxúria*, da cantata *Hércules na Encruzilhada*, da qual ele era igualmente o compositor, se lia como um lema de sua vida:

> Quem escolheria para si o suor
> Se na lassidão
> E na brincalhona satisfação
> Pode sua verdadeira salvação obter?

Aparece, como o lema de vida de Bach, a anotação *Anti-melancholicus* [Antimelancólico], que ele teria trazido do lado interno do envelope do livreto de piano para sua mulher Anna Magdalena. Bach deve ter tido em mente a ideia de um "músico feliz" que apreciaria o "antegosto do prazer celeste". Para esse *musicus beatus* [músico beato], o entretenimento ou o deleite do ânimo não contradiria o culto a Deus.

Na *Doutrina do baixo contínuo* (1738), Bach define o baixo contínuo da seguinte maneira: "Deve ser fim e causa final, como de toda música – portanto, também do baixo contínuo –, nada mais do que a veneração de Deus e a recreação do ânimo. Onde não se atenta a isso, lá não há música propriamente dita, mas sim apenas um barulho e fanfarra demoníacos"[21]. Para sua doutrina do baixo contínuo, Bach usou, evidentemente, o *Manual musical* de Friedrich Erhard Niedt (1710) como modelo. Porém, deixa-se constatar um afastamento da definição de Niedt do baixo contínuo. Em Niedt, se enuncia: "Por fim, também o fim ou causa final de toda música / e, portanto, também do baixo contínuo / não deve ser nada senão a veneração de Deus e a recreação do ânimo / onde não se atenta a isso / lá não há nenhuma música propriamente dita / e aqueles / que fizerem mau uso dessa nobre e divina

---

21. *Bach-Dokumente* [Documentos de Bach]. Vol. 1. Kassel, 1963, p. 334 [Ed. por Bach-Archiv Leipzig].

arte / para alimentarem a chama da luxúria e dos desejos carnais / eles são músicos do demônio / pois satã tem seu prazer em ouvir tais coisas danosas / A ele bem apraz tal música / mas aos ouvidos de Deus ela é uma fanfarra vergonhosa"[22]. Segundo a definição de baixo contínuo de Bach, não é claro o que faz com que a música se torne "barulho e fanfarra demoníacos". Bach removeu inteiramente da definição de Niedt expressões como "luxúria" [*Wollust*] ou "desejos carnais". Possivelmente ele tinha consciência de que faz parte necessariamente do gozo do ânimo uma sensação de prazer. Em relação ao prazer musical, é difícil distinguir entre o prazer divino e o demoníaco, entre o regozijo divino e o profano. Além disso, não apenas "satã" administra o deleite [*Wollust*], mas também Jesus[23]. Nas cantatas

---

22. Cf. NIEDT, F.E. *Musicalische Handleitung* [Manual Músical]. Hamburgo, 1710, cap. II.

23. O termo alemão *Wollust* tem tanto o significado de luxúria – um dos sete pecados capitais – como de deleite. Daí que o autor se aproveite da ambiguidade do termo para mostrar como a *Wollust* não seria apenas administrada por satã, compreendida como o pecado do prazer carnal, mas também por Jesus, enquanto "deleite divino" [N.T.].

sacras de Bach, a luxúria ressurge persistentemente. Na cantata *Vedes que amor o Pai nos gerou"* se encontra um *Coral da luxúria*:

> Por que pelo mundo e todos os seus tesouros deveria eu me perguntar
> Se somente em ti, meu Jesus, posso me regozijar!
> Apenas em ti o meu deleite [*Wollust*] representar eu poderia
> Tu, tu és meu prazer; por que pelo mundo eu me perguntaria!

Na capa de seu *Livreto de órgão* (1712-1717) o jovem Bach anota: "Apenas ao Deus supremo honrar, / O resto a partir daí a si mesmo se ensinar". Não se fala aí ainda do gozo do ânimo. A música é, antes de tudo, *laudatio Dei* [louvor a Deus]. Ela vale "apenas para o Deus supremo". No *Exercício de piano* de 1739, em contrapartida, não se fala mais da glória de Deus. Deus dá lugar ao deleite do ânimo: "A terceira parte / do / exercício de piano / consistindo / em / prelúdios diversos / sobre o / catecismo e outras canções / diante do órgão: / aos amantes, e especialmente aos apreciadores / do mesmo trabalho, para o deleite do ânimo". Também as

*Variações de Goldberg* (1741/1742), que foram escritas para um conde que sofria de insônia, traziam a observação: "Aos amantes, para o deleite do ânimo". O amante ou o apreciador como os novos destinatários de sua música a colocam inteiramente fora do contexto teológico, segundo o qual o ser humano encontra prazer na ordem divina, na harmonia divina do mundo, que se espelha na música. Agora, a música serve ao cultivo do gosto [*Geschmackbildung*] e ao prazer. Nesse sentido, ela é expressamente moderna.

Bach não poderia também ter antecedido sua A paixão segundo São Mateus da observação: "Aos amantes, e em especial aos apreciadores do mesmo trabalho, para o deleite do ânimo"? Uma tensão altamente dramática caracteriza A paixão segundo São Mateus. Diálogos fazem com que partes [da obra] pareçam como cenas teatrais. Não é completamente exagerada, então, a exclamação da viúva devota: "Proteja, Deus, as suas crianças! É mesmo como se se estivesse em uma ópera ou comédia".

A paixão segundo São Mateus de Bach permaneceu esquecida por muito tempo. Apenas cem anos mais tarde, em 11 de março de

1829, ela foi novamente tocada em Berlim por Mendelssohn, e, de fato, não em uma igreja, não no âmbito de uma missa, mas sim em um salão de concertos. De modo bastante marcante, Paganini fez no mesmo dia um concerto em Berlim. As alterações que Mendelssohn fez na obra fizeram da Paixão de Bach, em certo aspecto, pobre de *palavras*. Passagens do relato bíblico foram riscadas. Deixou-se de lado elementos que retardariam o andamento dramático, e a obra foi encurtada em metade de sua duração original. Foram inseridos *tempi* [tempos] rápidos e *crescendi* [crescendos] de longa duração, que aumentaram ainda mais a tensão dramática. O recital "seco" acompanhado apenas por um instrumento de tecla "E vejas aí, a cortina no templo rasgou-se", o acontecimento dramático apresentado imediatamente após a crucificação de Cristo foi colorido em uma animada pintura de sons[24]. O coral "Quando eu devo por fim me separar",

---

24. Cf. PLATEN, E. *Die Matthäus-Passion von Johann Sebastian Bach* [A paixão segundo São Mateus, de Johann Sebastian Bach]. Op. cit., p. 218.

que antecede o recital instrumentalizado por Mendelssohn, foi, em contrapartida, cantado a capela[25], de modo que, por causa desse contraste, surge uma elevada tensão dramática. É essa versão de A paixão segundo São Mateus que teria verdadeiramente merecido pela primeira vez a observação: "Aos amantes para o deleite do ânimo".

Em 1870, o jovem Nietzsche escreve de Basel para o seu amigo Erwin Rhode: "Esta semana, ouvi *três vezes* A paixão segundo São Mateus do divino Bach, sempre com o mesmo sentimento de admiração desmedida. Quem desaprendeu inteiramente o cristianismo escuta-o aqui verdadeiramente como um evangelho; é esta a música da negação da vontade, sem a reminiscência da *askesis* [ascese]"[26]. Nos anos posteriores, porém, o Nietzsche iluminis-

---

25. Cf. GECK, M. *Die Wiederentdeckung der Matthäuspassion im 19 Jahrhundert* – Die zeitgenössischen Dokumente und ihre ideengeschichtliche Deutung [A redescoberta de A paixão segundo São Mateus no século XIX – Os documentos contemporâneos e sua interpretação segundo a história das ideias]. Regensburgo, 1967, p. 40.

26. NIETZSCHE, F. *Briefe* [Cartas]. Vol. I. Berlim/Nova York, 1977, p. 120.

ta chega à compreensão de que haveria ainda na música de Bach uma "cristandade muito vulgar", uma "Germânia vulgar", uma "escolástica vulgar". Bach estaria, de fato, no umbral da música moderna, que, segundo Nietzsche, teria superado a "igreja", o "contraponto". Mas, nesse umbral, Bach olhava em volta [buscando] pela Idade Média[27].

Quem desaprendeu completamente a cristandade não chegará novamente à fé por força de uma música passional. Por conseguinte, Deus seria, possivelmente, um *efeito teatral*, um *efeito sonoro* ou um *efeito particular do contraponto*, que se extinguiria novamente com o desvanecimento da música. Schleiermacher, que assistiu juntamente com Hegel e Heine a reapresentação de A paixão segundo São Mateus, deve ter se aferrado a essa *reminiscência sonora* divina, que se comunicava apenas com o sentimento. O conteúdo de fé como *representação* já está erodido. A arte ou a música artística como religião já pressupõe a sua ruína.

---

27. Cf. NIETZSCHE, F. *Menschliches, Allzumenschliches – Kritische Studienausgabe* [Humano, demasiado humano. Edição crítica]. Vol. 2. Berlim/Nova York, 1998, p. 614s.

O que resta, quando o *significante* ou a *palavra* "Deus" se esvazia inteiramente? Não daria a paixão lugar inteiramente a uma *recreação*, ou seja, ao entretenimento do ânimo?

Já o devoto Nietzsche de 14 anos medita sobre a música moderna. A principal determinação da música seria "que ela conduza nosso pensamento a algo mais elevado, que ela nos eleve". Isso seria principalmente o objetivo da música de igreja. A música não pode ser usada para o divertimento. "Quase toda a música *moderna*" traria, porém, "traços disso". Nietzsche faz uma analogia da música moderna e da "poesia do futuro" com aquela juventude a que faltariam "ainda pensamentos próprios", mas que tentaria "esconder o seu vazio de ideias por trás de um estilo cintilante e reluzente". A música moderna produz, portanto, apenas uma *bela aparência*, sem nenhum senso de profundidade[28].

O Nietzsche tardio, em contrapartida, celebra a "leveza", a "juventude", a "alegria". Não se trata, porém, de uma alegria que seria sublime

---

28. NIETZSCHE, F. *Jugendschriften* [Escritos de juventude]. Vol. 1. Munique, 1994, p. 26s.

[*erhaben*], como em Heidegger, nem que seria envolta por um luto, mas sim de uma alegria que é "africana". "Il faut", segundo Nietzsche, "méditerraniser la musique" ["É preciso mediterranizar a música"]. Ele esconjura a música wagneriana, que "sua", [e] que representa, portanto, um tipo de paixão. Ela também é uma paixão no sentido de que ela está sempre direcionada a uma "redenção": "Wagner não refletiu sobre nada mais profundamente do que sobre a redenção: a sua ópera é a ópera da redenção"[29]. A música da juventude, da "saúde" e da "natureza" é, em contrapartida, uma música do *estar-aqui* [*Hierseins*] alegre e doce, que não carece de nenhuma redenção, nenhuma salvação. Nietzsche apaixona-se por uma "dança moura", por uma música com uma "sensibilidade mais sulista, mais morena, mais ardente", pelo "meio-dia amarelo de sua felicidade", que é "curta, repentina e sem perdão". Saúda-se uma música que é "leve, maleável e que

---

29. NIETZSCHE, F. *Der Fall Wagner* – Kritische Studienausgabe [O Caso Wagner – Edição crítica]. Vol. 6. Berlim/Nova York, 1988, p. 16.

vem com cortesia"[30]. A "primeira proposição" de sua estética diz: "O bem é leve, tudo que é divino anda com pés delicados". Nietzsche compreende a música de Wagner, em contrapartida, como um vento opressor e abafado do Sudeste. Assim, ele o chama de "Scirocco" [siroco]: "Um suor mal-humorado irrompe em mim. O *meu* bom tempo acabou". A nova música seria, além disso, segundo Nietzsche, "popular". Ela não é a música "de um indivíduo", mas sim uma música *"popular"*, sim, uma *música pop* com um *groove* [ritmo] africano.

Nietzsche contrapõe a "leveza" de Offenbach ao *"pathos"* ["paixão"] "pesado", "profundo" de Wagner. A música de Offenbach, que seria "livre" e "clara"[31], que viria com pés leves, prometeria uma "verdadeira redenção dos músicos sentimentais e fundamentalmente *degenerados* do romantismo alemão"[32], uma redenção especial; portanto, uma redenção de

---

30. Ibid., p. 13.

31. NIETZSCHE, F. *Nachgelassene Fragmente 1885-1887* – Kritische Studienausgabe [Fragmentos póstumos, 1885-1887 – Edição crítica]. Vol. 6. Berlim/Nova York, 1988, p. 344.

32. Ibid., 361.

uma carência permanente por redenção. Ela habita um *estar-aqui sem desejos*. A "leveza" de Offenbach, sim, a sua "leviandade" redimiria a música da *paixão*, do "não-querer-maisse-soltar [*Nichtmehrloslassenwollen*] de um sentimento extremo"[33]. A música sem *pathos* [paixão], sem a sua "assustadora *amplidão*" seria, portanto, uma fórmula da liberdade, uma música para *homines liberi et hilari* [homens livres e hilários]. Aqui, Nietzsche se despede do *homo doloris* [homem da dor].

Uma separação estrita entre redenção e deleite, entre paixão e entretenimento também não se deixa sustentar em Bach, e de fato, não apenas no âmbito musical, mas também no âmbito textual e conceitual. O "deleite" oscila entre Deus, o paladar e o sexo. O desprezado "deleite" retorna, por desvios, novamente ao âmbito sacral. Não apenas o "café" ou o "beijo" são doces, mas também a "cruz". A "doce cruz" não seria mais um oximoro, mas sim um pleonasmo. "Jesus, a sua paixão é, para

---

33. NIETZSCHE, F. *Nachgelassene Fragmente 1887-1889 – Kritische Studienausgabe* [Fragmentos póstumos, 1887-1889 – Edição crítica]. Vol. 13. Berlim/Nova York, 1988, p. 496.

mim", assim se diz em A paixão segundo São João, "estrondosa felicidade". O contexto da redenção transforma também a morte em uma "doce alegria celestial". Entre o "prazer divino" e o "deleite do ânimo" não se pode mais propor nenhuma separação estrita, pela qual o *nome*, o *significante* Deus deveria zelar. Ele funciona como um foco que reúne e intensifica alegria e prazer, que os protege, então, de uma *dispersão* [*Zerstreuung*] em sentido específico.

Em *Nomoi* [As leis], Platão introduz uma divisão estrita entre formas distintas da música e adverte insistentemente para que não se as misture umas com as outras. Assim, ele proíbe que se misture as canções dirigidas aos deuses – a saber, os hinos – com outras músicas profanas. Ele censura a prática cotidiana do poeta, que junta tudo com tudo e "assim sem querer dissemina pela música, por incompreensão, a mentira de que a música não teria nenhuma correção em si mesma, mas sim seria julgada mais corretamente segundo o prazer daquele que se alegra com ela"[34]. A glória de Deus e o

---

34. PLATÃO. *Nomoi*, 700e.

deleite do ânimo seriam, segundo Platão, duas coisas fundamentalmente distintas, que não podem ser juntadas. A lei deve zelar para que elas permaneçam estritamente separadas.

Bach não teria simplesmente seguido o mandamento platônico da purificação da música. Já o seu procedimento paródico traz consigo uma mistura da música sacra e da profana. Bach transplanta repetidamente trechos de cantatas profanas em suas composições. Assim, se encontra novamente também no oratório natalino partes do *dramma per musica* [drama musical] *Hércules na encruzilhada*. Nesse drama musical se apresenta como Hércules resiste heroicamente à sedução pela "luxúria" satânica. Enquanto o herói resiste à "doce sedução", [ele] jura lealdade à virtude.

> Luxúria:
> Durma, meu querido, e cultive o sossego,
> Siga a sedução de pensamentos ardentes!
> Deixe o prazer
> Do peito lascivo correr
> E não conheça nenhum limite à sua frente!
> [...]

Hercules:
Eu não quero te ouvir, eu não quero te
  conhecer,
Abjeta luxúria, eu não te conheço.
Pois as cobras a serpentear
Que assim queriam pesadamente me
  apanhar
Já há muito tempo me fiz as rasgar e
  romper

Amada virtude, tu somente
Deves minha guia
Ser constantemente

Posteriormente, Bach faz com que esse tipo de ária da luxúria satânica volte justamente no oratório de natal como cantiga de dormir para Jesus. Seu procedimento de sátira está, porém, na base da composição de outro texto. A assim originada *Canção para o sossego* não apresenta mais aquela luxúria satanista que Jesus teria recusado em nome da redenção da humanidade. Invoca-se muito antes um doce prazer ao qual a criança se entrega sem nenhuma resistência:

Então vão até lá, pastores, vão,
Para que do milagre tenham visão;
E encontrem o filho supremo

Em um duro berço a deitar,
E cantem para Ele ao fazê-lo balançar
Com um doce tom
E com todo um coro pego
Essa canção para o sossego!
Durma, meu querido, desfrute do sosse-
go
Para depois dele para toda prosperida-
de despertar!
Deleite o peito,
Sinta o prazer feito,
Onde o nosso coração vai a se alegrar!

Pelo menos no âmbito musical, o procedimento de paródia de Bach faz com que Deus se funda inteiramente com a luxúria. Já soa estranha a demanda direcionada a Jesus: "Deleite o peito / Sinta o prazer feito". A ária original da luxúria sem limites ainda ressoa aqui: "Deixe o prazer / do peito lascivo correr / e não conheça nenhum limite à sua frente!" Com o seu procedimento de paródia, Bach embute a luxúria, certamente inconscientemente, na história sagrada e da paixão. Também A paixão segundo São Mateus não se encerra com uma canção pavorosa, mas sim com uma doce canção. Depois de toda a sua paixão, Jesus cochila "extremamente satisfeito". O refrão "Meu

Jesus, boa noite!" faz com que a parte final de A paixão segundo São Mateus soe como uma cantiga de ninar, como uma canção de despedida, que dá boas-vindas a um outro tempo, a um outro *estar-aqui*, que não carece de nenhuma redenção:

> Meu Jesus, boa noite!
> [...]
> Meu Jesus, boa noite!
> [...]
> Suave sossego, sossegue suavemente!
> Sosseguem, ó partes cantadas!
> O seu túmulo e a sua lápide ver
> Deve para a consciência em temor
> Um aconchegante beijo tranquilizador
> E para alma um estado de tranquilidade ser.
> Extremamente satisfeito descanse os seus olhos sem temer[35].

35. Segundo uma teoria do kitsch, já a expressão carinhosa "Meu Jesus, boa noite!" ou o diminutivo "Pequeno Jesus" ("Ó doce e pequeno Jesus", Bach (*Schemeli Gesangbuch* [Livro de canções Schemeli]. BWV 493) dá testemunho de que se trata de um "prazer kitsch". Cf. GIESZ, L. *Phänomenologie des Kitsches* [Fenomenologia do Kitsch]. Munique, 1971, p. 45: "O kitsch religioso fornece uma verdadeira mina de ouro para o engenho do kitsch, também para o mais transcendente – Deus, o divino – em vez de confrontá-lo com uma visão luminosa (R. Otto), com uma sentimentalidade bajuladora. Deus, o inteiramente outro, se torna 'querido Deus', 'doce' ou "amado pequeno Jesus".

# Sonhos de borboleta

> *Às vezes, em peças extremamente lentas*
> *me sinto como se jogasse um Gameboy.*
> *Se escutasse Mozart saltitaria*
> *internamente como se brincasse de*
> *pular corda[36], e com Tchaikovsky*
> *descobriria uma paixão, que não estaria*
> *longe do chute ao gol adversário.*
> Lang Lang

Em *Quadros de viagem*, Henrich Heine elogia efusivamente a música de Rossini. Fala--se aí dos tons dourados, das luzes melódicas ou dos reluzentes sonhos de borboleta, que o "envolvem tão amavelmente"[37]. Seu coração é beijado "como que com os lábios das graças". Heine chama Rossini de um maestro divino ou de Hélio da Itália. Ele espalharia pelo mundo os seus "raios sonoros". Ele bateria as asas

---

36. No original em alemão *Gummi-Twist*. Nome alemão da brincadeira chinesa de pular corda [N.T.].

37. HEINE, H. *Reisebilder* – Historisch-kritische Gesamtausgabe [Quadros de Viagem – Obras completas em edição histórico-crítica]. Hamburgo, 1986, p. 48.

tão levemente como que dotado de asas divinas. Heine pede-lhe que perdoe seus pobres plebeus, que não veriam a sua profundidade, pois ela estaria coberta com rosas. No inferno eles não escapariam, segundo Heine, da sua punição bem-merecida, e seriam condenados a ouvir por toda a eternidade nada mais do que fugas de Bach.

Como se sabe, Rossini não foi sempre tão entusiasticamente celebrado. Para muitos, ele era um sinônimo de musa e entretenimento leves. Robert Schumann, por exemplo, o descreve como um "pintor decorativo", cujos arabescos e ornamentos melódicos serviriam apenas ao prazer sensível, à embriaguez desprovida de verdade e de espírito. Sua música, portanto, seria um fugidio sonho de borboleta, uma bela aparência que, caso se tomasse dela a "sedutora distância de teatro"[38], se desfaria inteiramente. Suas composições seriam exuberantes quadros ornamentais, aos quais, porém, faltaria a pintura que *expressaria* um pensamento

---

38. SCHUMANN, R. *Gesammelte Schriften über Musik und Musiker* [Coleção de escritos sobre música e músicos]. Vol. 1. Leipzig, 1914, p. 127.

ou ideia. E.T.A. Hoffman fala mesmo da "doce limonada rossiniana", que os "apreciadores da arte" "sorveriam sem mais dificuldades"[39]. A doce limonada de Rossini seria contraposta ao "flamejante, forte, poderoso vinho dos compositores dramáticos maiores". O "leviano, e por isso já indigno da verdadeira arte", Rossini, segundo Hoffman, se entregaria ao "gosto da moda". Hoffman se pergunta: "Como pôde ocorrer que aquele gosto degenerado pudesse encontrar seguidores tão variados na Alemanha, onde de resto impera apenas a verdade e a seriedade na arte?"

A dicotomia sério X que entretém [*unterhaltend*] já domina a crítica musical do século XIX. Na biografia de Rossini escrita por Wendt (1824), se diz: "Primeiramente, portanto, ele satisfazia o ouvido e zelava por cantos doces e amáveis [...]. Aqui ele tinha sempre o *grande público* – não os críticos diante dos olhos; o *efeito* sempre foi seu Deus, e quanto mais fácil fosse para ele obter fama para si por

---

39. HOFFMAN, E.T.A. *Schriften zur Musik* [Escritos sobre a Música]. Munique, 1977, p. 366.

esse caminho, tanto mais diligente e leviana-
mente ele avançava por esse caminho, com
desprezo por um sério exercício artístico"[40].
Assim, a música de Rossini é apresentada
como uma música *popular*, que se submete ao
gosto das massas.

Também Wagner atribuía o pouco valor
da música rossiniana à sua proximidade do
público[41]. A "marca do bom" consiste, segundo Wagner, em que ele "está aí para si mesmo"
e não carece de nenhum público. O "bom em
sua figura pura", que se realiza apenas na "obra
do gênio", não se aproxima da "exigência por
entretenimento". O *"ruim [Schlechte]* na arte"
se originaria, em contrapartida, na intenção
"apenas de agradar". Wagner constrói uma tensão dicotômica que absolutiza ou hierarquiza
uma diferença que foi sempre relativa em uma
oposição moral irreconciliável. Assim, Wagner

---

40. WENDT, A. *Rossini's Leben und Treiben* [Vida e impulsos
de Rossini]. Leipzig, 1824, p. 394s.

41. WAGNER, R. *Publikum und Popularität* – Gesammelte
Schriften und Dichtungen in zehn Bänden [Público e popularidade – Coletânea de escritos e poemas em dez volu-
mes]. Vol. 10. Berlim, 1914, p. 76.

idealiza o "bom na arte" como o "moralmente bom"[42]. Uma nítida linha divisória dicotômica gera uma aura de *profundidade*. A sua suspensão traria consigo uma desauralização da arte.

Muito prazer com melodias, não importa o quão sedutoras essas possam ser, suscita "repulsa". Elas se tornam "repentinamente insuportáveis" e parecem, além disso, "risíveis"[43]. Mas não seria aquele "brilho assombroso do olhar dolorosamente rompido e definhando de nostalgia – e ainda assim destemido"[44] de Beethoven também risível ou cômico a longo prazo?

Wagner situa a música nos arredores da poesia. Ela é fecundada pelo "pensamento do poeta". A verdadeira melodia é prenhe de palavra e significado. A música é, antes de tudo, *expressão*. Assim, Beethoven "se lança nos braços

---

42. Ibid., p. 75s.

43. WAGNER, R. *Oper und Drama* – Gesammelte Schriften [Ópera e drama – Coletânea de escritos]. Vol. 3. Berlim, 1914, p. 280.

44. Ibid., p. 255. Bernd Sponheuer aborda exaustivamente a controvérsia Beethoven-Rossini em sua monografia *Musik als Kunst und Nicht-Kunst* [Música como arte e não arte]. Kassel, 1987.

do poeta", "para consumar o *testemunho* da verdadeira e infalivelmente real e redentora melodia"[45]. Onde a música, em contrapartida, se despe inteiramente da expressão, da palavra poética, sim, da *paixão*, ela suscita "repulsa".

Uma concepção completamente distinta da música está na base da admiração de Schopenhauer por Rossini. Em *O mundo como vontade e representação* ele escreve: "Se, portanto, a música se vincula demais às palavras e busca se modelar segundo as circunstâncias, ela se esforça, assim, por falar uma língua que não é a sua própria. Ninguém se preservou desse equívoco tão puramente como *Rossini*; por isso, a sua música fala tão clara e puramente a sua *própria* língua, de modo que ela não carece de modo algum de palavras e, por isso, tem todo o seu efeito também executado apenas com instrumentos"[46]. Rossini liberta, assim julga também um contemporâneo italiano, a música das correntes da expressão e

---

45. Ibid., p. 312.

46. SCHOPENHAUER, A. *Die Welt als Wille und Vorstellung* – Sämtliche Werke [O mundo como vontade e representação – Obras completas]. Vol. 1. Wiesbaden, 1949, p. 309.

dos pensamentos. A sua música, por isso, é mais livre do que aquela música que "é cãibra da primeira até a última nota", que, meramente "arredada" ao texto, apresenta apenas um "tecido" de "pensamentos e modulações" que "se debatem no tímpano"[47]. Assim enuncia uma rima irônica:

> *Voici le mot; songez y bien;*
> *Crier est tout, chanter n'est rien*
> (Aqui está a palavra; pense bem;
> Gritar é tudo, cantar não é nada)[48].

Se a música não é concebida como paixão e expressão, então o canto de Rossini é certamente mais cantante do que aquele canto "que não é um canto, mas sim apenas um querer cantar sempre interrompido"[49]. Assim, a *Fidelio* de Beethoven, uma vez que lhe falta o canto livre, não é uma ópera, mas sim uma

---

47. WENDT, A. *Rossini's Leben und Treiben* [Vida e impulsos de Rossini]. Op. cit., p. 324.

48. Ibid., p. 327. Em sua autobiografia, Grillparzer se lembra de que Rossini teria fundamentado a sua decisão de não compor mais no fato de que, entre outras coisas, não haveria mais ninguém que poderia "cantar".

49. Ibid., p. 325.

"declamação instrumentada". A música, que é "embalada completamente por pancadas, saltos, humores, que é levada pela tempestade oscilante da paixão", não tem a liberdade para um "canto contido, apinhado". O riso de Rossini teria, visto desse modo, um *brilho próprio*, que não teria menos valor do que aquele brilho do olhar dolorosamente rompido de Beethoven. Não apenas um rosto distorcido pela dor, mas também o riso jovial teria uma *profundidade*; uma profundidade, todavia, que não se perceberia imediatamente, pois ela, como diz Heine, é coberta por rosas.

Rossini é oposto àquele herói trágico que, em seu esforço "para tornar o mundo todo seu", vai à ruína em sua "inimiga", a saber, na "natureza incoercível". Rossini, em contrapartida, alcançaria a conquista do mundo, e, de fato, por um caminho inteiramente diferente. O seu poder seria o "divertimento", a saber, a "magia da melodia" que domina o *agradar*. O poder que *entretém* é, certamente, mais poderoso do que o poder que trabalha com a coação. "Ele, entregando-se ao voo de seu gênio, avançava adiante, sem também nem sequer se tornar consciente de uma conquista tão descomunal que encontra apenas na fábula de Orfeu uma contraparte. O seu instrumento é o divertimento; a sua força aliada, a natureza"[50].

A música de Rossini seria livre na medida em que ela não é refém do pensamento, da ideia ou da palavra. Sobre a observação do cantor alemão, de que "na dura natureza da língua alemã, as palavras poderiam ser enunciadas e ouvidas em um rápido intervalo de tempo de maneira impossivelmente clara", Rossini teria exclamado: "Che cosa? Parole? Effeto! Effeto! [O quê? Palavras? Efeito! Efeito!"][51]. Frequentemente, as melodias de Rossini não expressam nada, como aquela folhagem exuberante que joga apenas consigo mesmo, que Kant, dado que ela não se liga a um pensamento ou a um conceito, chama de "beleza *livre*". A música de Rossini é tão "divinamente alada" porque ela não é enfardada com aquela "*extensão* horrorizante" do *pathos* [paixão], do qual Nietzsche se distancia. A música de

---

50. Ibid., p. 343.

51. Ibid., p. 237s.

Rossini é evidentemente habitada por aqueles sons *desprovidos de nostalgia* que não carecem de nenhuma redenção.

Uma vez que as suas melodias são livres da expressão determinada, elas conseguem, ao mesmo tempo, visar um efeito *global*. Sua música seria, assim, tanto uma música *popular* como também uma música *global*.

> Estranhos uns aos outros na língua, es-
> tranhos nos costumes,
> [...]
> O indiano, o mexicano e talvez
> O próprio hotentote e o Huron
> São apanhados pelo feitiço sublime
> Canto rossiniano? Que nova força
> É essa? Como se afunda tão melhor
> Eufonia no peito de um homem?[52]

Também Hegel se deixa levar inteiramente pelo feitiço da melodia rossiniana. Depois de ter ouvido pela segunda vez em Viena o *Barbeiro de Sevilla* de Rossini, escreve entusiasmadamente para sua esposa: "O que é aí imperioso, irresistível, de modo que não se

---

52. Ibid., p. 342.

pode ir embora de Viena"[53]. Contra seus críticos, Hegel toma o partido de Rossini: "Os adversários desdenham, a saber, da música de Rossini como um vazio zunido de ouvido; caso alguém se familiarize mais intimamente com as suas melodias, porém, essa música é, pelo contrário, extremamente cheia de sentimento, rica de espírito e penetrante para a mente e o coração"[54].

A admiração de Hegel por Rossini não é evidente, tendo em vista a sua concepção de arte segundo a qual a arte que se presta "apenas ao divertimento e ao entretenimento [...] não é independente, não é livre, mas sim [é] uma arte subserviente"[55]. A "arte *livre*", em contrapartida, não agrada ou entretém. Ela *trabalha* pela verdade. O "espírito" de Hegel, enquanto sujeito da arte, é ele mesmo *trabalho e paixão*.

---

53. HEGEL, G.W.F. *Briefe* [Cartas]. Vol. 3. Hamburgo, 1954, p. 65.

54. HEGEL, G.W.F. *Vorlesungen über die Ästhetik III* – Werke in zwanzig Bänden [Cursos sobre a estética III – Obras em vinte volumes]. Vol. 15. Frankfurt a.M., 1970, p. 210.

55. HEGEL, G.W.F. *Vorlesungen über die Ästhetik I* – Werke in zwanzig Bänden [Cursos sobre a estética I – Obras em vinte volumes]. Vol. 13. Frankfurt a.M., 1970, p. 20.

A relação à verdade e ao espírito fundamenta a vizinhança entre arte e filosofia: "Nessa sua liberdade, a bela arte é agora primeiramente verdadeira arte e cumpre primeiramente a sua tarefa *suprema*, se ela se põe no círculo comum com a religião e a filosofia e é apenas um modo e uma maneira de expressar e trazer à consciência o *divino*, o interesse mais profundo do ser humano, a verdade mais abrangente do espírito"[56].

Hegel chama a atenção à particularidade "de nosso presente", que "segundo o seu estado geral não [é] favorável à arte". A "nossa vida contemporânea" se orienta, segundo Hegel, por "formas universais", que não podem ser tomadas do elemento da arte; a saber, da sensibilidade. Por causa de uma insuficiência de universalidade ou, em outras palavras, de um excesso de sensibilidade, a arte "é para nós algo que passou [*ein Vergangenes*]". Em vista da constituição espiritual do presente, ela não se apresenta mais como um meio apropriado

---

56. Ibid., p. 20s.

da verdade. O "pensamento" e a "reflexão" teriam, assim resume Hegel, "sobrevoado" a bela arte[57]. O lugar da paixão ou do trabalho do espírito se deslocou agora da arte para a filosofia e para a ciência, que são capazes de mais conhecimento e verdade. A arte não consegue, por assim dizer, trabalhar de maneira eficiente o suficiente. Ou os seus produtos não correspondem mais aos novos critérios de verdade.

A arte dá lugar à ciência e à filosofia. Ela é, por assim dizer, despedida do serviço à verdade. De-passionalizada [*Ent-passioniert*], ela se torna ou objeto [*Gegenstand*] de um "prazer imediato"[58] ou objeto [*Objekt*] de uma consideração científica. Justamente essa depassionalização da arte possibilita a Hegel aquela despreocupação na qual ele delira com a música de Rossini. Por um momento, ele esquece *o trabalho pela verdade*, o *pensar como paixão*. Sim, ele desenvolve uma paixão [*Passion*] inteiramente de outro tipo, uma paixão [*Leidenschaft*] pelo belo, que gera tanta alegria preci-

57. Ibid., p. 24.

58. Ibid., p. 25.

samente pelo fato de que ela é livre de toda obrigação com o sentido e com a verdade, de todo trabalho enquanto paixão. Hegel escreve de Praga para sua mulher: "Eu desfruto de tanto belo e vivo em utopias"[59]. Não o saber e o conhecimento, mas sim o sem-sentido leva à utopia.

"Utopia" não pertence ao vocabulário filosófico de Hegel. Apenas em algumas passagens ele fala do "ideal de uma utopia filosófica". Ao fazê-lo, ele se volta contra a ideia de uma "verdade originária" [*Urwahren*], que "se entrega completa e inteiramente à passividade do pensar, que apenas precisa que se feche a boca"[60]. O pensamento é, para Hegel, trabalho e paixão. Conhecimentos são resultados de um "fazer". Eles são, então, tudo menos aqueles "frutos" estranhos que caem da "árvore do conhecimento", "mastigados e digeridos por si mesmos".

Preenchido pela beleza, Hegel acredita agora viver na utopia; a utopia é um *entretenimento*

---

59. HEGEL, G.W.F. *Briefe* [Cartas]. Op. cit., p. 73s.

60. HEGEL, G.W.F. *Jenaer kritische Schriften* – Werke in zwanzig Bänden [Escritos críticos de Jena – Obras em vinte volumes]. Vol. 2. Frankfurt a.M., 1970, p. 128.

*absoluto*. A pura felicidade existe apenas lá, onde o trabalho se aquieta. A música de Rossini, cujo "som sem nostalgia" admira e alegra, coloca-o em uma disposição utópica. Um "furor divino" seria [aquele] da "correnteza melódica". Ele anima e liberta toda situação[61]. O deus de Rossini não tem verdadeiramente nenhuma semelhança de família com o deus de Hegel. Ele é um *deus do entretenimento*, que não zela pela verdade ou pela palavra. O efeito seria, assim se diria, o seu deus. Deus do entretenimento e deus da paixão, deus do puro efeito e deus da pura verdade, deus da pura melodia e deus da pura palavra, a pura imanência e a pura transcendência; são, então, avizinhados um do outro.

Os gregos teriam, segundo Nietzsche, uma ligação especial com a palavra. Também da paixão no palco eles exigiam "que ela falasse"[62]. Aquela ligação com a palavra seria "inatural", na medida em que paixão na natureza se-

---

61. HEGEL, G.W.F. *Briefe* [Cartas]. Op. cit., p. 71.

62. NIETZSCHE, F. *Die fröhliche Wissenschaft* – Kritische Studienausgabe [A gaia ciência – Edição crítica]. Vol. 3. Berlim/Nova York, 1988, p. 435.

ria "tão taciturna, tão muda e tímida!" Uma satisfação intensiva daria aos gregos aquela inaturalidade de que "o herói trágico ainda encontra palavras, razões, gestos falados e no todo uma espiritualidade clara lá onde a vida se aproxima dos abismos". Esse "desvio da natureza" seria "a mais agradável refeição para o orgulho do ser humano".

Não o afeto sem fala, mas sim a palavra, alegra. A arte se sustenta nessa "inaturalidade elevada e heroica". Ela salva o instante de uma ausência de fala intensiva e abismal na palavra. O *tornar-se palavra* [*Wortwerdung*] redime: "Aqui a natureza *deve* justamente ser contradita! [...] Os gregos vão longe nesse caminho; longe – pavorosamente longe!" Para os poetas gregos trata-se, então, não do "arrebatamento do espectador por meio de afetos". Antes, eles transformam tudo em razão e palavra, não mantêm nenhum "resto de *silêncio*" em mãos. Assim se dita à paixão, ao afeto, a "lei da bela fala". Assim, a dureza mascarada mas festiva dos atores gregos reflete aquela inaturalidade que transforma a paixão em palavra, o sem fundo [*Abgrund*] em fundamento [*Grund*][63], o escuro em clareza espiritual, o sem conceito em *sentido e significado*.

O "desvio da natureza" também ocorre no sentido contrário; a saber, como "total menosprezo da palavra". Rossini teria, segundo Nietzsche, podido "deixar que se cantasse inteiramente [apenas] lá-lá-lá-lá". Nesse desvio musical da natureza, Nietzsche vê uma razão que consiste em libertar o ser do trabalho e da paixão. O "lá-lá-lá-lá" é, segundo Nietzsche, a essência da ópera; sim, da música mesma: "Não se deve acreditar justamente 'na palavra' das pessoas da ópera, mas sim no tom! Essa é a diferença, essa é a bela *inaturalidade* pela qual se vai à ópera!" Em contrapartida, Nietzsche acusa a "ópera séria" de falta de coragem: "Uma palavra oportunamente erguida pode vir ao auxílio de um ouvinte desatento: no

---

63. O autor brinca aqui com os significados do termo *Abgrund*, traduzido tipicamente como abismo, e *Grund*, que pode ser traduzido tanto como chão, solo, como também, mais abstratamente, como fundamento ou mesmo razão. Ou seja, a palavra dá ao "abismo sem fundamento", ao *Abgrund*, um fundamento, uma razão, uma base, o *Grund* que falta ao *Abgrund* [N.T.].

todo a situação tem de esclarecer a si mesma – nada repousa na fala! –, assim pensam eles todos e assim eles todos levaram adiante, com as palavras, a sua farsa. Talvez tenha lhes faltado a coragem para expressar o seu último menosprezo pela palavra". Mesmo o *recitativo secco* não é nenhum tipo de palavra que se submeta à compreensão do sentido. Antes, ele se apresenta como um "descanso da *melodia*" que, depois de pouco tempo, deixa se acender "um novo desejo pela música *inteira*, pela melodia". Não a palavra, mas sim a melodia, anima o canto. Talvez todo entretenimento participe daquela bela *inaturalidade*, daquele maravilhoso desvio da natureza que alegra e redime.

"Orfeu no submundo", assim se chama um artigo de Adorno na *Spiegel*, que comenta a lista de *best-sellers* da música séria, da *E-Music*[64]. Sua insistência na diferença entre E e U parece quase obrigatória. E é o céu. U é o submundo. "Muitos dos *best-sellers* que, segundo

---

64. *E-Musik e U-Musik* são dois termos do alemão para distinguir entre a música séria – *E-Musik* (*Ernste Musik*) – e a música de entretenimento – *U-Musik* (*Unterhaltungsmusik*) [N.T.].

os padrões aceitos, são classificados como E, são, segundo a sua constituição própria, U; ou, pelo menos desgastados e banalizados por meio de incontáveis repetições: o que foi E pode se tornar U"[65]. Adorno vê em todo lugar uma "*U-Musik* disfarçada". Tudo é "cri-cri", "zumbido", "saltito". Espera-se dos consumidores apenas "pompa e ostentação": "Um conceito primitivo de coloração para exercer tal sugestão, como se se acreditasse que na compra de um disco se teria direito também a que seja entregue algo colorido". A paixão é, a saber, desprovida de toda coloração, sem pompa e ostentação. O cinza das cinzas é a sua cor. A *E-Musik* traz pois, consigo, luto.

Adorno vê também em Tchaikovsky uma *U-Musik*. Nele, "genial e medíocre" se "mesclariam". Seria impressionante a capacidade de uma impressão extraordinariamente penetrante, justamente porque, certamente, de caráter frequentemente vulgar. O segredo do efeito de sua música deveria ser buscado em

---

65. ADORNO, T.W. *Gesammelte Schriften* [Escritos selecionados]. Vol. 19. Frankfurt a.M., 2004, p. 548.

uma camada muito profunda de infantilidade. A sua música "se alimenta de uma demanda irrestrita por felicidade". Ela se embriaga da "satisfação que é negada àquele que, em seus sonhos acordados, se regala de grande paixão". Assim se comportariam as crianças em relação à felicidade. A verdadeira felicidade, porém, não poderia se ter imediatamente. Ela seria possível "apenas rompida", "como uma lembrança de algo perdido, [como] nostalgia pelo inalcançado". Esse rompimento não teria sido experienciado pela demanda de felicidade tchaikovskyana. O seu mundo de imagens "não [seria] sublimado, mas sim extremamente fixado". O entretenimento cometeria "objetivamente [uma] injustiça àqueles com quem ele ocorre e que o desejam subjetivamente". Ele não seria "nada mais do que um substituto daquilo que de resto é negado ao ser humano". Assim enuncia a sua conclusão: "O mundo do entretenimento é o submundo que se pretende o céu".

Falta à *U-Musik*, portanto, a "grande paixão". A sua felicidade é, por isso, uma falsa *aparência*. Apenas o rompimento confere à felicidade verdade e autenticidade. Desse modo, apenas um ser humano dolorosamente rompido como Beethoven – portanto, apenas um *homo doloris* [homem da dor], teria acesso à verdadeira felicidade. Toda *E-Musik* verdadeira é uma *música de paixão* em sentido específico. De fato, Adorno chama os discos de Beethoven de *pièce de résistance* [peça de resistência] em meio à "*U-Musik* disfarçada".

Não apenas a demanda irrestrita de felicidade de Tchaikovsky seria infantil, mas também o teimoso *não* de Adorno, que se condensa na paixão. O seu rompimento é, ao mesmo tempo, um impedimento, uma incapacidade de viver. Por causa de sua *cegueira de cores*, ele tem acesso apenas ao cinza. A felicidade que se articula apenas de maneira rompida é ela mesma uma aparência. *Toda* felicidade é aparente.

A música mais bela, que converge com a pura felicidade, ressoa talvez, justamente, no submundo. Como se sabe, a canção de Orfeu liberta a existência subitamente do sofrimento. Assim, Tântalo não tenta mais capturar a água que escoa. A roda de Íxion espantosamente para. As aves não devoram mais o fígado de Prometeu. As Danaides deixam de lado os seus vasos. E Sísifo senta imóvel em sua pedra. O *trabalho* cessa. O ar é purificado da *paixão*. A soltura de Eurídice do submundo seria, possivelmente, a recompensa divina pelo entretenimento de Orfeu no submundo.

# Sobre o luxo

*O superficial é a pressuposição de todo belo.*
Friedrich Nietzsche

Wagner vê em Rossini o tipo ideal do "homem de luxo". A propriedade fundamental do abjeto "homem de luxo" é, segundo a sua teoria do luxo, a alienação [*Entfremdung*] em relação ao natural ou a inclinação para o inatural. Assim, o homem de luxo tira da flor apenas o cheiro e produz "artificialmente" o "perfume", "para poder usá-lo arbitrariamente conforme lhe convir, para envolver a si mesmo e ao seu magnífico utensílio com ele"[66]. "[A] melodia narcótico-embriagante de Rossini" seria inatural como o perfume. Completamente alienada da "canção popular" ou da "flor popular"[67], Rossini produziria apenas um "broto

---

66. WAGNER, R. *Oper und Drama* [Ópera e drama]. Op. cit., p. 249s.

67. Ibid., p. 260.

artificial". Ele seria um "produtor incomumente habilidoso de flores *artificiais*, a que ele daria forma com seda e veludo, coloriria com cores enganosas e cuja taça ele cobriria com aquele substrato de perfume, de modo que ela começaria a cheirar quase como uma flor verdadeira"[68]. Wagner invoca repetidamente a natureza ou o natural contra a "luxuriosa inatureza [*Unnatur*]"[69]. O público da ópera é, segundo Wagner, "uma protuberância inatural do povo", um "ninho de lagartas" que "mordiscam as folhas da árvore natural do povo, para conseguir dela ao máximo a força vital para, como um falso bando de borboletas, poder ruflar uma existência efêmera e luxuriosa"[70]. A música de entretenimento é efêmera, é apenas uma aparência fugidia. A "alegre música de ópera moderna" oferece, para além da necessidade, um mero entretenimento, que satisfaz apenas "desejos arbitrários"[71]. Em sua base se

---

68. Ibid., p. 250.

69. Ibid., p. 60.

70. Ibid., p. 254.

71. Ibid., p. 158.

encontra a demanda por um "prazer apenas embriagador e superficialmente prazeroso".

Wagner ideologiza a natureza. Ele não reconhece aí que a cultura como tal se baseia em um afastamento, em um transformar em luxo [*Luxieren*] do natural; que a flor no campo, não importa o quão bela, o quão magnífica ela seja, ainda não é cultura. Também a "flor do povo" é, na verdade, um oximoro. Tampouco é uma cultura "se envolver nos ramos, galhos e folhas [...] para se alegrar com a *vista* da própria flor"[72]. Em contrapartida, é uma conquista cultural *abstrair* o cheiro da flor, isto é, *abstrair* especialmente do natural. O perfume é um exemplo eloquente para transformá-lo em luxo da natureza, isto é, para a capacidade cultural de abstração. A flor de seda e veludo coberta de perfume se deve ao distanciamento luxurioso da natureza. *Assim, ela também não murcha*. O luxo não é um declínio do espírito, mas sim a sua *vivacidade ampliada*. Seu brilho exuberante é a contrapartida da morte. Ele adia a morte, que seria um *acontecimento da natureza*.

---

72. Ibid., p. 250.

Já se indicou aquele aforismo de Nietzsche que vê, contra Wagner, a origem da cultura em um enfático "distanciamento da natureza"[73]. Já o palco estreito da peça trágica representa, segundo Nietzsche, uma transformação em luxo da vida natural. A tragédia grega faz com que a paixão, que é "muda na natureza", *fale, cubra-a* com a "bela fala". Também as suas máscaras produzem algo inatural. Elas abstraem festivamente do jogo a face natural. O jogo de faces ausente transforma, *verbaliza* e *espacializa* o "afeto" *natural* em uma *figura*, em um *gesto falado*. Trata-se de um processo de concentração e densificação que também é próprio à abstração do perfume [feita] a partir da flor natural.

Em Rossini, o distanciamento do natural se dá no sentido contrário. Aqui se abdica justamente – e radicalmente – a palavra. Nesse total "menosprezo da palavra" se baseia – já se indicou isso anteriormente – a melodia absoluta, o "lá-lá-lá-lá". Isso também pressupõe um distanciamento da paixão natural, que

---

73. NIETZSCHE, F. *Die fröhliche Wissenschaft* [A gaia ciência]. Op. cit., p. 435.

apenas balbucia. Não apenas o preenchimento inatural, mas também o vazio inatural é um transformar em luxo do natural. Já deve ter sido essa "bela *inaturalidade*" que fez com que Hegel, ao assistir uma ópera de Rossini, entrasse em êxtase. Ela era, para Hegel, um *entretenimento absoluto*, que fez com que ele acreditasse que vivia em uma utopia. No que diz respeito à "bela *inaturalidade*", certamente não há *qualquer diferença fundamental* entre o Rossini "que ri no mais exuberante colo do luxo" e o Beethoven "abominador do mundo, enclausurado, carrancudo"[74]. Ambos vivem da *bela aparência*, cujo brilho se deve sempre a um *transformar em luxo*.

A arte pressupõe um transformar em luxo o necessário. Não é a sua intencionalidade *se virar* [*wenden*] meramente para a *necessidade* [comum]. Ela é dominada por *viradas* [*Wendungen*] completamente diferentes. Wagner, porém, a vincula problematicamente à necessidade [comum]. O seu sujeito é o povo, que

---

74. WAGNER, R. *Oper und Drama* [Ópera e drama]. Op. cit., p. 255.

é a "personificação de tudo aquilo" que "sente uma necessidade comunitária [*gemeinschaftliche Not*]"[75]. A arte se apoiaria nessa necessidade comum. Ela é, por assim dizer, um *fazer as necessidades* [*Notdurft*] comuns. Tudo que se afasta dessa [virada para a] necessidade [*Not-Wendigkeit*][76] é luxo e decadência. A carência do povo se deixa satisfazer porque ela, como a fome comum, é uma carência natural. Ela desvanece em seu oposto; a saber, no "saciamento". Na base do luxo, porém, não há nenhuma carência natural, nenhuma necessidade. Ele se baseia em uma "imaginação" proliferadora[77]. Assim, ele também não se volta ao necessário [*not-wendend*], isto é, não é necessário [*not-wendig*]. Ele é, antes, dominado por uma ca-

---

75. WAGNER, R. *Das Kunstwerk der Zukunft* – Gesammelte Schriften und Dichtungen [A obra de arte do futuro – Escritos selecionados e poesias]. Vol. 3. Berlim, 1914, p. 48.

76. Aqui, o autor brinca com o fato de que um dos termos em alemão para necessidade, *Notwendigkeit*, contém tanto o termo *Not*, que também significa necessidade, quanto *Wendigkeit*, que viria do verbo *wenden*, "virar-se", de modo que a *Not-wendigkeit* seria algo como o "estado de se virar para o necessário" [N.T.].

77. Ibid., p. 44.

rência inatural, pela "carência insana sem carência", que, em oposição à "fome sensível e real", nunca pode se satisfazer[78].

Wagner invoca repetidamente a necessidade [comum]. Essa representa para ele uma cura e um feitiço que afastam o luxo como um "demônio": "a necessidade [comum] acabará com o inferno do luxo; ela ensinará ao espírito perplexo e sem carência, que porta dentro de si esse inferno, a simples, singela carência da fome e da sede puramente humano-sensível; comunitariamente porém, ela também nos apontará para o pão nutritivo, para a doce e clara água da natureza; conjuntamente desfrutaremos realmente, conjuntamente seremos homens verdadeiros. Conjuntamente formaremos a liga da necessidade sagrada, e o beijo fraterno que sela essa liga será *a obra de arte coletiva do futuro*"[79]. A "carência simples, singela da fome e da sede sensível-humana" é, na realidade, puramente animal. A genuína carência humana nunca é simples ou singela. Ela

78. Ibid., p. 49.

79. Ibid., p. 50.

**68**

é, antes, uma "carência sem carência", inatural. A intensificação do prazer se deve a uma *desnaturalização*. A satisfação da mera carência natural, em contrapartida, não vai além do fazer necessidades. O saciamento é, além disso, sem fala, sem discursividade, [aquilo] do que a cultura ou a arte justamente carecem. E a alma floresce primeiramente na abundância. Do "pão" ou da "água", não importa o quão "doce" seja, não surge nenhuma arte. Essa se deve a um mais que vai além do necessário. Wagner, de fato, não está completamente pronto para abdicar do exuberante. A "carência *necessária* do ser humano" é, a saber, satisfeita pela "mais exuberante abundância da natureza"[80]. Em que medida se distingue, então, o "luxo" da não natureza da "abundância exuberante" da natureza?

Por que Wagner idealiza de tal modo a fome e a sede? Evidentemente, ele luta contra a inclinação ao luxo que ele percebe fortemente em si mesmo. Nietzsche deve ter enxergado profundamente por dentro da alma de Wagner. Ele vê em Wagner justamente um

---

80. Ibid., p. 54.

homem de luxo: "Uma demanda passional por luxo e brilho em Wagner; precisamente a partir daí ele foi capaz de compreender, de julgar essa pulsão em seu âmago"[81]. Não seria à carência "natural", mas sim à "demanda passional por luxo e brilho", à "insana carência sem carência", que bem se origina da "imaginação", que Wagner teria de agradecer pela sua arte. Sem "imaginação", sem aquelas *imagens* exuberantes, há apenas fazer as necessidades. Todo brilho, sim, toda beleza se deve àquela [imaginação].

Depois de sua recusa definitiva de Wagner, Nietzsche eleva o luxo até mesmo a algo completamente elementar e *natural*: "*Luxo* – O apego ao luxo vai às profundezas de um ser humano; ele trai o que é superficial e imoderado, que é a água na qual a sua alma prefere nadar"[82]. Na necessidade comum [*Not*] ou na [virada para a] necessidade [*Not-Wendigkeit*],

---

81. NIETZSCHE, F. *Nachgelassene Fragmente 1875-1879* – Kritische Studienausgabe [Fragmentos póstumos, 1875-1879 – Edição crítica]. Vol. 8. Berlim/Nova York, 1988, p. 242.

82. NIETZSCHE, F. *Morgenröthe* – Kritische Studienausgabe [Aurora – Edição crítica]. Vol. 3. Berlim/Nova York, 1988, p. 253.

a alma humana não floresce. O seu elemento, o seu *espaço* é o brilho exuberante. O luxo é um brilho que brilha [*leuchtet*] sem iluminar [*beleuchten*] ou sem apontar para algo. Ele é um brilho livre e desprovido de intenção, que brilha para brilhar. O brilho do luxo habita uma superfície especial, que é livre da *aparência de profundidade*, e que brilha, portanto, em uma bela ausência de fundamento.

Nietzsche assume uma diferença fundamental entre o luxo e o conhecimento. O luxo é "denegridor para o homem do conhecimento", pois ele "representa uma outra vida do que a simples e heroica". Ele é carregado por uma intencionalidade inteiramente outra, por uma temporalidade inteiramente outra. O homem do luxo, em contrapartida, suspeita da paixão e do heroísmo do conhecimento. Para ele, importa antes de tudo se entregar à presença da felicidade. O luxo é "o superficial e imoderado para os olhos e os ouvidos", onde [o homem] "se sente bem"[83]. Não se deve admitir nenhuma

---

83. NIETZSCHE, F. *Nachgelassene Fragmente 1880-1882* – Kritische Studienausgabe [Fragmentos póstumos, 1880-1882 – Edição crítica]. Vol. 9. Berlim/Nova York, 1999, p. 152.

gradação [*Seinsgefälle*] entre o homem de luxo e o homem de conhecimento.

O luxo, visto exatamente, não é nocivo ao conhecimento. O próprio conhecimento pressupõe aquela faculdade espiritual de discriminar nas coisas semelhanças e dessemelhanças sutis. Kant chama isso de "perspicácia" (*acumen*). Ele remete as "sutilezas" a essa faculdade de distinção. Em relação à faculdade do juízo, a perspicácia aumenta a "exatidão" (*cognitio exata*). Como "riqueza da boa cabeça", ela, porém, é necessária também para o humor. Interessantemente, Kant designa a perspicácia como "luxo das cabeças". Isso porque ela não é própria a todo "comum e *saudável* entendimento" que se fixa na "carência". Também a fineza não se desenvolve a partir da carência. Ela pressupõe, muito mais, um transformar em luxo dessa [carência]. Nem *contemplatio* ["contemplação"] nem *theoria* ["teoria"] se desenvolveriam a partir da necessidade comum e da [virada para a] necessidade. Elas também são um "tipo de luxo das cabeças". O humor é, segundo Kant, "*florescente*" como a natureza, que "parece conduzir em suas flores mais um jogo, e, em contrapartida, nas frutas, um negócio". Vista assim, mesmo a natureza não consiste na necessidade comum e na [virada para a] necessidade. O transformar em luxo exuberante, o exagero das flores em cores e formas antecede ao "negócio". Também o pensamento *floresce* apenas aquém do "negócio". Conhecimentos seriam, desse modo, frutos do pensamento florescente. Apenas necessidade e trabalho não os produziriam.

*Todo brilho do ser* se deve a um transformar em luxo. A inclinação para o luxo constitui o próprio *espírito*. Onde não se encontra nenhum afastamento, [lá] só há a morte. Tudo se congela, então, no sem-vida. O transformar em luxo ocorre em diferentes sentidos. Assim, não há apenas o brilho do pleno, mas também o brilho do vazio. Também a ascese não é apenas abdicação e renúncia; antes, ela se entrega à plenitude do vazio. Nisso, o luxo toca a ascese. Essa, por sua vez, é o *luxo do vazio*.

Adorno, na verdade um homem de conhecimento, lamenta, de maneira surpreendente, o desaparecimento do luxo. O cheio de desvios, o sem-coação, o alegre ou o estado sem preocupação dão cada vez mais lugar ao direto e ao conforme a fins. "A técnica desacorrentada elimina o luxo [...]. O trem expresso, que atravessa o continente em três noites e dois dias, é um milagre, mas a viagem nele não tem nada do brilho desbotado do *train bleu* [trem azul]. Aquilo em que consiste o prazer da viagem, começando pelo aceno de despedida pela janela aberta, a preocupação amigável de quem recebe o troco, a cerimônia do comer, o sentimento inabdicável de bonificação que não tira nada de ninguém desaparece junto com as pessoas elegantes, que tratavam de passear no Perron antes da partida, e que agora se busca em vão mesmo nos *halls* dos hotéis mais ambiciosos"[84]. O luxo é, para Adorno, a expressão da felicidade não falsificada. Ele também é constitutivo para a arte. A vida se realiza, portanto, não na objetividade [*Sachlichkeit*] ou na racionalidade de fins. A verdadeira felicidade surge, muito antes, do excesso,

---

84. ADORNO, T.W. *Minima moralia: Reflexionen aus dem beschädigten Leben* – Gesammelte Schriften [Minima Moralia: reflexões a partir da vida ferida – Escritos selecionados]. Vol. 4. Frankfurt a.M., 2004, p. 135.

do alegre, do exuberante, do sem-sentido; a saber, do transformar em luxo o necessário. É o excedente ou o superficial que livra a vida de toda coação.

A ausência de coação ou a ausência de preocupação é também um elemento do entretenimento, sim, a sua *utopia*. Ela é o conteúdo do "puro entretenimento" [*reinen Amusements*]. Essa é uma forma de luxo, um transformar em luxo do trabalho e da necessidade que a aproxima da arte: "Entretenimento [*Amusement*] completamente sem amarras não seria simplesmente o oposto à arte, mas sim também o extremo que ela toca"[85].

---

85. ADORNO, T.W. & HORKHEIMER, M. *Dialektik der Aufklärung* [Dialética do Esclarecimento]. Frankfurt a.M., 1969, p. 150.

# Satori

*A verdadeira poesia se anuncia pelo fato de que ela, como um evangelho mundano, pela alegria interior, pelo prazer exterior sabe nos livrar dos fardos terrenos que nos oprimem.*
Johann Wolfgang Goethe

O constructo de uma arte verdadeira ou séria, que se distingue estritamente da arte que meramente entretém, caminha de mãos dadas com a construção de diversas relações de tensão dicotômicas; por exemplo, razão/espírito *vs.* sensibilidade ou transcendência *vs.* imanência[86]. A dicotomização é característica

---

86. Cf. SPONHEUER, B. *Musik als Kunst und Nicht-Kunst – Untersuchungen zur Dicothomie von "hoher" und "niederer" Musik im musikästhetischen Denken zwischen Kant und Hanslick* [Música como arte e não arte – Investigações sobre a dicotomia entre música "superior" e "inferior" no pensamento estético-musical entre Kant e Hanslick]. Kassel 1987. Onde a arte é apropriada por interesses de poder e dominação, ela passa, além disso, por uma hierarquização. No círculo cultural do Extremo Oriente, porém, a arte não pode simplesmente ser tomada pelos interesses de poder e de dominação. A ideia de belo do Extremo Oriente já não é apropriada para a representação do poder, pois essa, em oposição, p. ex., ao belo em Platão, não representa o com-

do pensamento ocidental. O pensamento do Extremo Oriente, em contrapartida, se orienta por princípios complementares. Não oposições fixas, mas sim dependência e correspondência mútuas regem o ser. Assim, no Extremo Oriente, também não se formou aquela dicotomia espírito *vs.* sensibilidade na qual se sustenta, justamente, a representação de uma arte inferior, que apenas satisfaz a carência sensível. A cultura do Extremo Oriente tam-

---

pleto [*Vollkomene*] ou o imutável. *Wabi*, uma designação japonesa para a sensação do belo, aponta precisamente para o incompleto, o impermanente ou o fugidio. Belas são, assim, não as redondas flores de cerejeira, mas sim as flores no momento da queda: "Caso não se consumisse como o boi no campo de Adachi e não se passasse fugidiamente como a fumaça na Montanha Toribe, mas sim se vivesse eternamente – Como se poderia então conceber a melancolia cheia de magia que passa por todas as coisas? Justamente a sua impermanência faz do mundo belo" (KENKÔ, Y. *Betrachtungen aus der Stille* [Observações feitas a partir do silêncio]. Frankfurt a.M., 1985, p. 10 [Trad. Oscar Benl). Nenhum detentor do poder se identificaria de bom grado com a aparência transitória e fugidia do belo. Também o famoso mestre do chá Rikyû nota que a chaleira deve parecer "não inteiramente cheia". Ele não entende os homens "aos quais mesmo a menor falha desagrada" (NAMBÔ, S. "Aufzeichnungen des Mönchs Nambô [Notas do Monge Nambô]". In: IZUTZU, Toshiko & IZUTZU, Toyo. *Die Theorie des Schönen in Japan* [A Teoria do Belo no Japão]. Colônia, 1988, p. 176-202, aqui p. 188).

bém não conhece a ideia de uma autonomia da arte ou o estreitamento da relação entre a arte e a verdade. Nenhuma *paixão pela verdade*, que sofre com o existente como [com] o falso, domina a cultura do Extremo Oriente. Essa não oferece nenhuma contrapartida utópica ao mundo existente, que deveria ser negado. A arte do Extremo Oriente não é, portanto, animada por nenhuma *negatividade*. Muito antes, ela é primariamente um objeto da afirmação e também do entretenimento.

A poesia curta japonesa haiku é notada no Ocidente quase que exclusivamente em sua espiritualidade zen-budista[87]. O "haiku é", segundo um conhecido ditado, "um tipo de satori"[88]. O haiku é, portanto, uma expressão da iluminação ou da redenção. Segundo Roland Barthes, uma metafísica completamente especial estaria no fundamento do haiku: "O

---

87. Cf. KRUSCHE, D. (trad.). *Haiku* – Japanische Gedichte [Haiku – Poemas japoneses]. Munique, 1994, p. 121: "Sem o Zen o haiku não é pensável; sim, não há testemunha literária com mais validade cultural Zen no Japão do que o haiku".

88. BLYTH, R.H. *Haiku*. Vol. 1. Tóquio, 1949/1952, p. vii.

haiku [...], que está ligado a uma metafísica sem sujeito e sem deus, corresponde ao *Mu* budista ou ao *Satori* do Zen"[89]. Para Barthes, o haiku também representa uma aventura linguística, um "tocar na borda extrema da linguagem, que [...] faz fronteira com o brilho da aventura"[90]. Ele livra, redime a linguagem de uma demanda por sentido.

> O vento sopra.
> Os olhos desses gatos
> Pestanejando[91].

O haiku é, segundo Barthes, "apenas" [sic!] um "ramo literário" da aventura espiritual do Zen. O Zen é um "procedimento violento, que é destinado a *parar a linguagem*, a interromper aquele tipo de radiofonia interna que transmite incessantemente em nosso interior, e isso até mesmo no sono [...], para esvaziar, secar e

---

89. BARTHES, R. *Das Reich der Zeichen* [O reino dos signos]. Frankfurt a.M., 1981, p. 110.

90. Ibid., p. 108.

91. Ibid., p. 113.

trazer para a ausência de linguagem a indomável tagarelice da alma"[92].

Claramente escapou a Barthes o fato de que o haiku, em vez de fazer a linguagem parar, é, à sua própria maneira, *tagarela* e *entretém*.

> Para Lua alça
> E, quando é bem presa
> Que leque bola![93]

> Choveu já hoje
> Granizo, a saliva
> Do ano do boi[94].

No Japão, o haiku raramente é vinculado com aquela empresa séria e espiritual de trazer ao fim a tagarelice da alma. A recepção ocidental do haiku mal toma conhecimento de que o haiku é, antes de tudo, jogo e entretenimento; que ele, em vez de se retirar para o deserto dos sentidos, também irradia humor.

Haiku significa, literalmente, poesia de humor [*Scherz-Gedicht*]. Ele é originalmente o verso inicial de dezessete sílabas (hokku) da

---

92. Ibid., p. 102.

93. Sôkan (1394-1481). In: ULENBROOK, J. (trad.). *Haiku*. Stuttgart, 1995, p. 240.

94. Teitoku (1571-1654). In: ibid., p. 242.

série de poemas *Haikai-Renga*. Haikai significa, igualmente, piada. O conteúdo dessa série de poemas é zombeteiro, humorístico e ocasionalmente também obsceno. Assim, ele serve, antes de tudo, para o divertimento e para o regozijo. E poetar não é um ato solitário, mas sim comunitário, que tem de *entreter*. Ele não se desenrola em um espaço solipsista. De maneira sugestiva, o conjunto dos poetas renga se chama "kôgyô", literalmente se regozijar. Sociabilidade, espontaneidade e a *sequência de cortes* abrupta, típica da série de poemas, não permite nenhuma interioridade poética. O que entretém é a bela sacada [*Einfall*] ou a tirada [*Anschluss*] engraçada. Por causa da brevidade e da espontaneidade, nenhum aprofundamento é de todo modo possível. A poesia é um jogo social e de linguagem. Também o haiku, não raramente, é composto em conjunto[95]. Ele não

---

95. Também é produto de uma reunião social o famoso haiku de Bashô: "O velho lago. / Um sapo pula nele – / O som da água..." Esse haiku tem, caso o escute mais atentamente, igualmente um elemento humorístico. Tampouco aponta para um satori o seguinte haiku de Bashô: "Só pulgas há lá – / Perto do travesseiro / mija um corcel".

é apropriado para expressar a paixão de uma alma solitária. Ele é, antes de tudo, *curto demais* para uma *história de paixão*.

> Homem
> E uma mosca
> No ar.
> (Issa)

A paixão ou a ênfase da verdade não é uma pressuposição necessária para o refinamento de formas de expressão estéticas. E jogo e entretenimento não levam necessariamente a um achatamento ou empobrecimento estético. Sem [um] senso para o jogo e para o entretenimento, também o haiku não teria surgido. No haiku, não se trata nem da paixão da alma nem da aventura de eliminá-la. O haiku está mais para um jogo que entretém do que para uma aventura espiritual ou linguística.

No Japão, a poesia era, antes de tudo, um jogo social e de linguagem que diverte e entretém. Ela também era amplamente livre do *pathos* ou da paixão da alma. Muitas poesias surgiram primeiramente de poesias de competição. A poesia, além disso, não era reservada a uma elite. Antes, ela alcançava a grande população. A disseminação universal de possibilidades de expressão estética contribuía, além disso, para uma estetização da rotina e do rotineiro[96]. Mais entretenimento e jogo não significa, automaticamente, menos qualidade estética. Justamente uma deslegitimação do entretenimento ou do jogo pode trazer consigo uma atrofia do estético.

Sem dúvida, o moralismo confuciano também influenciou a arte do Extremo Oriente[97]. Raramente, porém, se pincela nela uma camada ideológica.

---

96. Cf. PÖRTNER, P. "Mono: Über die paradoxe Verträglichkeit der Dinge – Anmerkungen zur Geschichte der Wahrnehmungen in Japan [Mono: sobre o paradoxo da compatibilidade das coisas – Observações sobre a história da percepção no Japão]". In: EBERFELD, R. & WOHLFAHRT, G. (org.). *Komparative Ästhetik* – Künste und ästhetische Erfahrungen zwischen Asien und Europa [Estética comparada – Artes e experiências estéticas entre a Ásia e a Europa]. Colônia, 2000, p. 211-226, aqui p. 217: "A estética japonesa é visão de mundo e estilo de vida. A arte está aqui, tradicionalmente, "inserida" em uma medida maior na vida cotidiana do que a [arte] ocidental; isto é, talvez ela não seja arte em um sentido marcadamente ocidental".

97. A influência do moralismo confuciano na arte foi muito menor no Japão do que na China ou na Coreia. Essa circunstância se deve à intensiva estetização do mundo da vida no Japão.

Em geral, ela não se movimenta em um elemento crítico, subversivo ou dissidente[98]. À ideia de um *avantgarde*, sua negatividade é fundamentalmente estranha a ela. Frente ao existente, a arte do Extremo Oriente se comporta em geral de modo mais afirmativo do que a ocidental. A paixão não é a sua marca fundamental. Não parte da arte qualquer *não*, nenhum apelo que deveria convocar o observador à transformação do existente. Uma vez que o pensamento do Extremo Oriente não se apoia em estruturas dicotômicas (p. ex., espírito *vs.* sensibilidade), também não surge aquela ideia sublime da reconciliação. A arte não entra em oposição a uma realidade alienada. Ela não encarna aquela *alteridade* enfática que a removeria do mundo falso ou que sofreria com a alienação. Nenhuma distância estética eleva a arte a uma esfera distinta do ser.

Antes de tudo, no espaço cultural alemão a arte passa por uma dicotomização fixa.

---

98. A pintura chinesa, p. ex., dificilmente se expressa de maneira sociocrítica. Cf. GOEPPER, R. *Vom Wesen chinesischer Malerei* [Da essência das pinturas chinesas]. Munique, 1962, p. 101.

A separação nítida entre E e U se apoia não menos na dicotomia espírito *vs.* sensibilidade. "O comum" é, segundo Schiller, "tudo que não fala para o *espírito* e não instiga nenhum interesse senão o sensível"[99]. O "brilho sinistro" do "olhar dolorosamente rompido, definhando de nostalgia, e todavia destemido"[100] de Beethoven encarna o princípio espiritual alemão, sim, o *princípio da paixão*. Justamente esse "brilho sinistro" falta à arte do Extremo Oriente. Ela é sem nostalgia e sem ruptura.

Como se sabe, a xilogravura japonesa, ukiyo-e, exerceu uma forte fascinação em muitos pintores da modernidade europeia. Ela também fascinou Cézanne e Van Gogh. Ukiyo-e é, todavia, tudo menos uma *E-Kunst* ["E-arte", "arte séria"]. Ela é, antes, uma arte do cotidiano e do comum. Ela estava profundamente inserida na indústria de entretenimento florescente

---

99. SCHILLER, F. *Gedanken über den Gebrauch des Gemeinen und Niedrigen in Kunst* – Sämtliche Werke [Pensamentos sobre o uso do comum e do inferior na arte – Obras completas]. Vol. 5. Munique, 1962, p. 537.

100. WAGNER, R. *Oper und Drama* [Ópera e drama]. Op. cit., p. 255.

na Era Edo. Assim, o bairro da alegria de Edo Yoshiwara era um tema muito favorecido do ukiyo-e, com suas belezas compráveis, charlatões, casas de chá, teatros Kabuki e atores. Ukiyo-e também era uma parte desse bairro da alegria. A sua popularidade trouxe consigo uma produção em massa. Os retratos de atores encontram um mercado verdadeiramente fervoroso. Pintores de ukiyo-e também produziam imagens eróticas que representavam, entre outras coisas, partes sexuais em exagero e acento grotescos[101]. Além disso, as representações do ukiyo-e eram frequentemente humorísticas. Ukiyo-e era uma cultura de massa destinada ao entretenimento.

A arte do Extremo Oriente não se define em oposição ao mundo cotidiano. Ela não habita uma esfera especial do ser. Ela também

---

101. A produção de imagens eróticas dá forma ao fundamento econômico para os pintores de ukiyo-e e seus editores. Houve, de fato, repetidamente a proibição de imagens eróticas, mas elas só foram primeiramente proibidas com a justificação de que seriam obscenas em 1869, e, de fato, sob a influência de uma apressada apropriação de ideias morais ocidentais. Cf. SCHWAN, F.B. *Handbuch japanische Holzschnitt* [Manual da xilogravura japonesa]. Munique, 2003, p. 528.

não é uma abertura para uma transcendência. Antes, ela é uma arte da imanência. Também o ukiyo-e afirma radicalmente o mundo cotidiano, passageiro. Nenhuma nostalgia pela profundidade, pela verdade ou pelo sentido a anima. Cores brilhantes e contornos claros não permitem também nenhum aprofundamento. O ukiyo-e deixa que a *superfície* brilhe coloridamente. Ela é uma arte da imanência luzente. O olhar observador se demora na superfície colorida, sem, porém, *procurar por nada*. Ele nunca se torna hermenêutico. Ele também não se aprofunda. As pinturas de ukiyo-e têm um efeito *unívoco* como haikus. Nada parece *escondido*. Elas são dominadas por uma *evidência* especial. Nenhuma hermética ou hermenêutica segura o olhar do observador. Já o nome ukiyo-e indica o seu caráter afirmativo. Ukiyo-e significa, literalmente, "imagem(ns) do mundo fugidio (ukiyo)"[102]. Ele se entrega

---

102. Na Era Edo, o ukiyo era uma postura espiritual universal. Não com a fuga e com a recusa, mas sim com alegria de viver e com disposição para o prazer que se reagia à efemeridade e impermanência do mundo. Essa fórmula hedonista também foi invocada por Asai Ryôi em seu conto

inteiramente ao teatro colorido do mundo passageiro. Não se opõe a ele nenhum mundo oposto, nenhum *tempo oposto*. O ukiyo-e é uma arte do *aqui e agora*, que deve ser afirmado apesar ou mesmo justamente por causa de sua impermanência. Em seu íntimo, o ukiyo-e é *efêmero*. E o *lá* enfático não pertence à representação de mundo do Extremo Oriente ou japonesa. Também o haiku se volta inteiramente ao *aqui e agora*. Nada aponta para um *lá*. O haiku não representa nada de anterior ou escondido. Ele está *inteiramente aí*; ele não tem nada a esconder. Nada se recolhe em uma profundidade. Como o ukiyo-e, o haiku deixa a *superfície* brilhar coloridamente. Nisso consiste a *afabilidade* da arte do Extremo Oriente.

Tanto os artistas das pinturas áulicas que tendem fortemente à decoração como também os dos ukiyo-e populares e plebeus estranhariam muito a seguinte afirmação de Cézanne:

---

*Ukiyo Monogatari*. Chamava-se de Ukiyozôshi a literatura de entretenimento chulo-humorística que era ilustrada pelos pintores de Ukiyo-e. Cf. SCHWAN, F.B. *Handbuch japanische Holzschnitt* [Manual da Xilogravura Japonesa]. Op. cit., p. 89.

"Em alguns séculos será completamente inútil viver, tudo será achatado"[103]. Cézanne mesmo conclui uma conversa com as seguintes palavras: "– A vida é pavorosa! *E como uma oração na noite que desce, eu o ouço murmurar para o outro*: – Quero morrer pintando – morrer enquanto pinto"[104]. A paixão de Cézanne é um fenômeno caracteristicamente europeu. Ele compreende a arte como um "tipo de sacerdócio", "que demanda seres humanos puros"[105]. Arte é paixão. Ela pressupõe um padecer por uma condição de ser [*Seinzustand*] superior. Falta à arte do Extremo Oriente essa paixão e nostalgia. Também o teatro kabuki, que está intimamente ligado ao ukiyo-e, afirma a vida em sua efemeridade e impermanência. Kabuki significa, originariamente, "vivência leve"[106].

---

103. CÉZANNE, P. *Über die Kunst – Gespräche mit Gasquet*: Briefe [Sobre a arte – Conversas com Gasquet: cartas]. Hamburgo, 1957, p. 73.

104. Ibid., p. 70.

105. Ibid., p. 81.

106. Cf. GOEPPER, R. *Meisterwerke des japanischen Farbenholzschnitts* [Obras-primas da xilogravura colorida japonesa]. Colônia, 1973, p. 13.

No prefácio ao *Pedras coloridas*, Stifter escreve: "Se notou uma vez, contra mim, que apenas retrato o pequeno, e que as minhas pessoas seriam sempre pessoas comuns. Se isso é verdade, hoje estou em condições para oferecer ao leitor algo ainda menor e mais insignificante; a saber, todo tipo de jogatinas para jovens corações. Nelas não se deve nem mesmo pregar a virtude e os costumes, como é comum; mas sim elas devem surtir efeito apenas por aquilo que elas são"[107]. A arte seria, segundo Stifter, "algo tão alto e elevado". Poetas seriam "altos sacerdotes". Então, ele também não se arroga afirmar que os seus escritos seriam arte. Ele não tem em mente "retratar o grande ou o pequeno". Assim, Stifter situa a sua própria escrita fora da "poesia": "Mas, se nem todas as palavras faladas podem ser poesia, elas podem, porém, ser alguma outra coisa, à qual nem todo direito à existência é furtado. Dar uma hora agradável

---

107. STIFTER, A. *Werke und Briefe* – Historischkritische Gesamtausgabe [Obras e cartas – Edição completa histórico-crítica]. Vol. 2. Mainz, 1982, p. 9.

a amigos de mesmo ânimo, mandar uma saudação a eles todos, conhecidos como desconhecidos, e contribuir um grãozinho de bem para o edifício da eternidade, essa era a intenção de meus escritos, e permanecerá a [sua] intenção". Essa humildade incomum, que é, possivelmente, uma retirada tática, abre a Stifter um espaço literal no qual também a "saudação" simples e cotidiana tem lugar. A literatura dá às pessoas simplesmente uma "hora agradável". A escrita não se dá em um espaço solipsista, não [se dá] no espaço interior de uma alma solitária. A literatura é, antes, comunicação (saudação), sociabilidade, jogo, alegria e prazer. Aquém do "grande ou pequeno", ela deve habitar o campo amplo do *cotidiano* e do *comum*. A *imanência* é o seu lugar. Sem qualquer superestrutura ideológica ou moral, os seus escritos devem "apenas surtir efeito por aquilo que eles são". Oposições fixas como sério *vs.* que entretém ou espírito *vs.* sensibilidade restringem o espaço literário. A arte do cotidiano se despede da arte como paixão, sim, como sacerdócio.

Onde o desejo pela transcendência se extingue, a imanência recebe um brilho especial. Ela é o mundo *todo*.

Não apenas a arte, mas também religiões do Extremo Oriente têm uma postura afirmativa frente ao existente. O taoismo, por exemplo, ensina a *facticidade* do mundo; isto é, a adaptar-se ao que *já sempre* é. O *não-fazer* taoista é uma fórmula da afirmação radical. Ela é a contrafigura do *fazer como paixão*. O sábio se entrega inteiramente ao curso natural das coisas. Não fuga ou negação do mundo, mas sim a confiança no mundo anima o pensamento taoista do Extremo Oriente. O não-fazer afirmativo como abertura para aquilo que *faz a si mesmo*, a saber, a serenidade [*Gelassenheit*] em relação ao mundo, se opõe à intencionalidade da paixão.

O ukiyo surgiu originariamente do mundo de representações do budismo. O mundo é, desse modo, impermanente e fugidio como um sonho. O conceito budista de "nada" significa que não há nada de firme, de fixo no mundo, que tudo flui e passa. É inútil, portanto, a tentativa de querer se aferrar a algo ou de lutar por algo imutável. Pertence à iluminação, justamente, a superação da paixão e do desejo. Ukiyo-e afirma o mundo apesar, sim, justamente por causa de sua efemeridade. *O divertimento implica a afirmação*. Essa forma da afirmação se distingue daquele acordo que, segundo a crítica cultural de Adorno, permite que o mundo falso perdure. Adorno ensina: "Estar se divertindo [*Vergnügtsein*] significa estar de acordo"[108].

A afirmação da impermanência é característica para o Extremo Oriente. A paixão pelo eterno ou pelo definitivo é estranha a ele. O famoso poeta chinês Li Po escreve:

> A vida nesse mundo fugidio se iguala
> A um sonho
> Quem sabe com que frequência ainda
> sorrimos?

---

108. ADORNO, T.W. & HORKHEIMER, M. *Dialektik der Aufklärung* [Dialética do Esclarecimento]. Op. cit., p. 153. A crítica cultural de Adorno se deleita em uma negação cega do existente. Toda afirmação do existente se iguala à capitulação do pensamento. A "liberação que o entretenimento [*Amusement*] promete" é, segundo Adorno, "a [liberação] do pensamento como negação" (ibid.).

> Nossos ancestrais acendem por isso velas
> Para apreciar a noite...[109]

Também o zen budismo, uma versão do Extremo Oriente do budismo, é uma religião da afirmação radical; sim, uma religião sem paixão, *pathos* e nostalgia. "Dia após dia é um bom dia", assim se enuncia a sua fórmula simples de iluminação. O lugar da iluminação é a *cotidianidade* [*Alltäglichkeit*], o *aqui e agora* cotidianos, o mundo impermanente, pois não há nenhum *outro* mundo, nenhum *lá fora*, nenhum *lá*, nenhuma transcendência. É inútil a tentativa de querer irromper do *aqui e agora*. Para que, então, paixão ou nostalgia? Elas apenas causam o sofrimento. O dia a dia do zen budismo é uma contrafigura da paixão.

> Quer fugir dele? Temo que você não tenha escapado.
> Mundo e vida não têm um lá fora. Tudo é tão cheio e condensado.
> Angústia e inquietude nunca chegam consigo ao fim.

---

109. Cf. BASHÔ, M. *Auf schmalen Pfaden durchs Hinterland* [Por passagens estreitas através do interior]. Mainz, 1985, p. 42.

À sua volta sopram temperadas flores silvestres, nas vestes sim[110].

Em oposição ao cristianismo, que é uma religião da espera e da promessa – sim, uma religião do *lá* e do *futuro* – o budismo representa uma religião do *aqui e agora*. O que conta é se demorar no *aqui e agora*. Também a ascese não é um ideal zen budista. "Coma!" – assim enuncia um conhecido ditado do Mestre Zen Yunmen[111]. A fórmula da iluminação do Mestre Zen Linji enuncia: "Quando a fome chega, como arroz; quando o sono chega, fecho os olhos. Tolos riem de mim, mas o sábio entende"[112]. A existência cotidiana enfatizada acaba com o *ser como paixão*. Justamente nessa volta

---

110. BI-YÄN-LU. *Niederschrift von der Smaragdenen Felswand* [Registro da falésia esmeralda]. Vol. 1. Munique, 1964, p. 156.

111. YUNMEN. *Zen-Worte vom Wolkentor-Berg* [Palavras Zen da Montanha do Portão das Nuvens]. Berna, 1994, p. 105.

112. LINJI. *Das Denken ist ein wilder Affe* – Aufzeichungen der Lehren und Unterweisungen des grossen Zen-Meisters [O pensamento é um macaco selvagem – Registros dos ensinamentos e instruções do grande Mestre Zen]. Berna, 1996, p. 160.

para o cotidiano, nesse *desvio* de toda forma de paixão para o mundo cotidiano consiste a iluminação zen budista; a saber, o satori. No que diz respeito à ausência de desejo e nostalgia, no que diz respeito à absoluta imanência, o satori, que não raramente se exterioriza em um riso alto, toca o puro entretenimento. Ele afasta com o riso toda forma de paixão. "Conta-se que o Mestre Yüe-shan subiu uma noite uma montanha, viu a lua e irrompeu em uma imperiosa risada. Sua risada teria ressoado a até trinta quilômetros de distância"[113].

---

113. BUCHNER, H. & TSUJIMURA, K. (trad.). *Der Ochs und sein Hirte* – Eine altchinesische Zen-Geschichte [O boi e seu pastor – Uma história antiga chinesa do Zen]. Pfullingen, 1958, p. 92.

# Entretenimento moral

> *Nada é bom, senão aquilo que duradouro prazer produz, e nada pode nos assegurar um prazer duradouro e a sensação contínua disso nos dar, senão verdade, razão e ordem moral.*
> Der Greis. In: *Moralische Wochenschrift* [O ancião. In: *Revista Moral Semanal*].

O prazer moral ou o divertimento moral é, para Kant, uma contradição, pois a moral é dever. A moralidade se apoia em uma "obrigação" [*Nötigung*][114], em uma "coação intelectual". Ela se volta expressamente contra a "inclinação" como fonte do prazer. A razão prática tem de coagir a "impetuosa intromissão das inclinações"[115]. A "obrigação moral" produz dor: "segue-se que podemos compreender *a priori* que a lei moral como fundamento de

---

114. KANT, I. *Kritik der praktischen Vernunft* – Werke in zehn Bänden [Crítica da razão prática – Obra em dez volumes]. Vol. 6. Darmstadt, 1983, p. 143.

115. Ibid., p. 299.

determinação da vontade, pelo fato de que ela penetra em todas as nossas inclinações, teria de surtir um sentimento que poderia ser chamado de dor"[116]. A moral é paixão. A moral é dor. O caminho para a completude moral, a saber, para a "santidade", é uma *via doloris* [via dolorosa].

A ênfase na razão de Kant é, sem dúvida, um produto do Esclarecimento. A hostilidade aos sentidos e ao prazer que domina a sua teoria moral, sim, seu pensamento em geral, em contrapartida, não são características ao Esclarecimento. Faz parte do Esclarecimento justamente a reabilitação da sensibilidade. O Esclarecimento não é apenas Kant, mas também La Mettrie, a saber, a sua afirmação radical da sensibilidade e do prazer. O sentimento do ser é, segundo La Mettrie, primariamente sentimento de prazer e de felicidade. A hostilidade de Kant aos sentidos não é uma expressão genuína do Esclarecimento, mas sim um resíduo da moral cristã. Aquela "impetuosa intromissão da inclinação" é, além disso, tudo

---

116. Ibid., p. 192s.

menos "natural". É primeiramente o *corte nítido* que separa a razão rigorosamente da sensibilidade que produz coações, faz feridas, permite que inclinações se tornem "impetuosas" e "intrometidas".

Segundo Kant, o "bem supremo" representa "um objeto necessário *a priori* de nossa vontade"[117]. Apenas o "bem supremo" satisfaz ao "querer [*Wollen*] completo de um ser racional"[118]. A virtude, porém, não é o único conteúdo do "bem supremo". É apenas primeiramente a virtude *e* a bem-aventurança [*Glückseligkeit*] juntas que formam "o bem como um todo e completo". Elas são, porém, "*elementos inteiramente diferentes*"[119], que se encontram em conflito. A moral, como tal, não faz feliz. Ela também não é nenhuma "doutrina sobre como nos *fazemos* felizes", pois a felicidade é uma questão de inclinação e de sensibilidade. A inclinação como uma fonte da felicidade, em contrapartida, não leva à ação moral, "pois

---

117. Ibid., p. 242.

118. Ibid., p. 238.

119. Ibid., p. 241.

a natureza humana não concorda por si mesma, mas sim apenas pela violência que a natureza faz à sensibilidade, com aquele bem"[120]. Assim, violência e dor são necessárias para o avanço moral.

Entre moral e felicidade há um profundo abismo. Kant, contudo, não quer abdicar da felicidade pela moral. Kant sempre *olha de esguelha* para a felicidade. Nesse caso, ele recorre a Deus, que deve cuidar para que a bem-aventurança seja "distribuída" "exatamente na proporção da moralidade [*Sittlichkeit*]"[121]. Pelo "sacrifício" ofertado, pela dor sofrida, o *homo doloris* [homem da dor] recebe uma "abundante compensação"[122]. Kant capitaliza a dor para a felicidade. A paixão não reduz a dor; antes, ela a aumenta. Ela é uma *fórmula da intensificação*. Ela penhora a felicidade [*Glück*] pela bem-aventurança [*Glückseligkeit*].

---

120. KANT, I. *Kritik der Urteilskraft* – Werke in zehn Bänden [Crítica da faculdade do juízo – Obras em dez volumes]. Vol. 8. Darmstadt, 1983, p. 362.

121. KANT, I. *Kritik der praktischen Vernunft* [Crítica da razão prática]. Op. cit., p. 239.

122. Ibid., p. 288.

Em 1751 surgiu a tradução alemã do *Discours sur le Bonheur* [Discurso sobre a felicidade] de La Mettrie, que o redigiu em 1748 em exílio prussiano. De maneira sugestiva, o seu título enuncia: "O bem supremo ou os pensamentos do Sr. La Mettrie sobre a felicidade". Kant deve ter conhecido muito bem esse tratado. O "bem supremo" de La Mettrie é, todavia, concebido de maneira inteiramente diferente da de Kant. Segundo La Mettrie, não há conflito entre felicidade e virtude que faria necessária a convocação de Deus. A virtude não representa nenhuma grandeza absoluta que se situaria além de toda bem-aventurança e que só poderia ser mediada com essa por meio de Deus. Para La Mettrie, isso vale muito antes: também a moral faz feliz. Divertimento moral não é um oximoro. A vida feliz é a vida que também conhece a virtude como possibilidade de conseguir a felicidade. Nisso consiste a arte da vida segundo La Mettrie: "Quanto mais virtude alguém possui, mais feliz ele também é [...]. Quem, em contrapartida, não pratica nenhuma virtude ou não consegue retirar de sua prática nenhum lado prazeroso, não é capaz desse tipo de felicidade"[123]. La Mettrie enfatiza continuamente que felicidade e moral não se contradizem: "Nos ocupamos apenas com preencher a nossa vida finita, e se é aí ainda mais feliz, quanto mais não se vive apenas para si mesmo, mas também [...] para a humanidade, a qual é uma grande honra servir. E, com a própria felicidade, se contribui para a felicidade da sociedade"[124].

A felicidade não é o estado de um indivíduo isolado para si, "para o qual, no todo de sua existência, tudo se trata do desejo e da vontade"[125]. Essa representação da felicidade de Kant é infantil. A felicidade não significa que tudo ocorra imediatamente segundo o

---

123. LA METTRIE, J.O. *Über das Glück oder Das höchste Gut* [Sobre a felicidade ou o bem supremo]. Nuremberg, 1985, p. 47.

124. Ibid., p. 39. Cf. tb. ibid., p. 19: "Em suma, queremos nos estimar ainda mais felizes, quanto mais formos seres humanos ou quanto mais nos tornarmos dignos de sermos [seres humanos]: quanto mais o nosso interesse estiver dirigido à natureza, aos nossos conterrâneos e às virtudes sociais".

125. KANT, I. *Kritik der praktischen Vernunft* [Crítica da razão prática]. Op. cit., p. 255.

meu desejo. A felicidade tem uma estrutura de mediação muito mais complexa, que vai além da imediatez de uma satisfação imediata dos desejos. A felicidade também não é nenhum fenômeno da sensibilidade. Antes, ela se deve a uma mediação social, intersubjetiva. Assim, por exemplo, ensina a revista moral – de circulação semanal – *O bem-aventurado*": "Uma vez que vivemos em um mundo que é ocupado com os nossos semelhantes; uma vez que estamos na ligação mais estreita com nossos próximos; carecemos, então, de outros para a nossa bem-aventurança, e precisamos, por nossa vez, nos trabalhar para tornarmos os outros felizes com nossas mãos de auxílio. Fizemos, assim, da bem-aventurança, o começo, e nos decidimos à *instrução social* de ser feliz ao lado de uns com os outros"[126].

Nas muitas revistas morais semanais do século XVIII, o Esclarecimento mostra uma outra face, essencialmente mais huma-

---

126. *Der Glückselige* – Eine moralische Wochenschrift [O bem-aventurado – Uma revista moral semanal]. Parte 1. Halle, 1763, p. 3.

na. Nenhuma hostilidade aos sentidos ou ao prazer domina amplamente[127]. Também a ciência e a arte não precisavam excluir o entretenimento. Apresentava-se ao "jovem" o seguinte mote: "Nossa ciência é alegria / e nossa arte é agradabilidade"[128]. E moral e entretenimento se ligariam. Em *Patriota* (1724-1726), por exemplo, diz-se na primeira parte: "O caminho da virtude não é tão penoso e áspero como muitos imaginam ser. Por isso, também não conduzirei os meus leitores pelo mesmo de maneira ranzinza, mas sim agradável; sim, mais ainda, tentarei lhes trazer

---

127. Cf. MARTENS, W. "Die Geburt des Journalisten in der Aufklärung [O nascimento dos jornalistas no Esclarecimento]". In: *Wolfenbütteler Studien zur Aufklärung* [Estudos de Wolfenbütteler sobre o Esclarecimento]. Vol. 1. Bremen, 1974, p. 84-98, aqui p. 91: "A segunda metade do século XVIII é um tempo de revistas de uso comum, das contribuições para o útil e para o prazer, como a fórmula amigável aos seres humanos sempre enunciava. Aqui, o jornalista oferece, juntamente ao entretenimento, ensinamentos universais e instruções morais práticas, conselhos, acenos, receitas, que serviam ao melhor comum".

128. MARTENS, W. *Die Botschaft der Tugend* – Die Aufklärung im Spiegel der deutschen Moralischen Wochenschriften [A mensagem da virtude – O Esclarecimento no espelho das revistas morais semanais alemãs]. Stuttgart 1968, p. 71.

prestígio, riqueza e dias bons ao fazê-lo"[129]. O caminho para a virtude não é, portanto, nenhuma *via doloris* [via dolorosa]. A moral não é dor e paixão. Ela não traz consigo nenhuma ruptura com a alegria de viver. Justamente a ordem moral promete um prazer duradouro. Também o amor-próprio e a moral não se encontram em conflito. Em *O Cidadão* se enuncia, por exemplo: "O amor-próprio o ensinará / que ele é um súdito confiável e obediente, / um concidadão íntegro e amoroso, / um homem justo e amante da honra, / um senhorio esforçado e sóbrio, / um amigo franco e prestativo, / um ser humano agradável e polido; / em suma, que ele teria de ser um ramo útil no tronco do ser comum, / na medida em que ele não rouba sua tranquilidade e bem-aventurança de si mesmo, / ou mesmo, como uma parte inapta do corpo que lhe dá a vida / quer ser separado"[130].

---

129. MARTENS, W. (ed.). *Der Patriot* – Nach der Originalausgabe Hamburg 1724-1726 in drei Textbänden und einen Kommentarband kritisch herausgegeben [*O Patriota* – Editado criticamente segundo a edição original de Hamburgo de 1724-1726 em três volumes e um volume de comentário]. Vol. 1. Berlim, 1969, p. 7.

130. Apud MARTENS, W. *Die Botschaft der Tugend* [A mensagem da virtude]. Op. cit., p. 272.

A tarefa das revistas morais semanais também consiste em *entreter* os seus leitores *moralmente*. De maneira correspondente, as suas exposições são sedutoras, brincalhonas, leves, agradáveis e humorosas. Encena-se um tipo de rococó literário-moral. O que entretém, porém, não é apenas a sua forma narrativa, que envolve docemente o conteúdo moral em si mesmo amargo. Prazer e divertimento têm, muito antes, de partir da própria ordem moral. A representação de um núcleo moral amargo que deveria ser tornado saboroso por uma cobertura de açúcar não faria jus à complexa estrutura de mediação moral. A moral pode – sim, deve – *ela mesma* ser *doce*. Ela deve, pelo menos, trazer consigo um agrado. O que importa é convencer o leitor de que a moral não precisa ser amarga, que ela pode ser reconciliada com "inclinações". Também o sucesso de *Struwwelpeter*[131] aponta para o fato de que a ordem moral também consegue liberar sentimentos expressamente positivos: "Como

---

131. Livro infantil alemão de 1845, escrito por Heinrich Hoffman [N.T.].

ocorre, então, que textos que, nas primeiras linhas, promovem a repressão dos impulsos e, no caso de violação de seus mandamentos repressivos, trazem à vista punições dracônicas, não apenas serem aceitos, mas mesmo lidos com prazer evidente? [...] Se deveria isso ao fato [...] de que crianças têm a capacidade de, na leitura, ignorar tudo que não as toca, de modo que elas, em certa medida, desfrutam apenas a cobertura de açúcar do divertido, sem, em contrapartida, nem sequer perceberem a amarga pílula do doutrinamento moral? Ou poderiam textos moralizantes também disporem de um prazer imediato? Seria a pílula moral talvez não tão amarga?"[132]

A literatura de entretenimento que tem uma cobertura moral deve o seu valor de entretenimento sobretudo à tensão dialética

---

132. PETZOLD, D. "Die Lust am erhobenen Zeigefinger – Zur Dialektik der Unterhaltung und moralischer Belehrung, am Beispiel des Struwwelpeter [O prazer no indicador erguido – Sobre a dialética do entretenimento e do doutrinamento moral pelo exemplo do Struwwelpeter]. In: PETZOLD, D. (ed.). *Unterhaltung* – Sozial- und Literaturwissenschaftlich Beiträge zu ihren Formen und Funktionen [Entretenimento – Contribuições sócio e literário-científicas às suas formas e funções]. Erlangen, 1994, p. 85-100, aqui p. 89.

entre a violação e a restauração da ordem moral, a saber, [entre] o desvio da norma e o retorno a ela; por exemplo, a culpa e a penitência ou a transgressão e a punição. Para além do mero prazer, as mídias de entretenimento morais cumprem, de maneira sutil, uma função social que não deve ser menosprezada. Elas estabilizam e habituam a ordem moral; dão a elas, por assim dizer, carne e osso, isto é, fazem com que elas se tornem *inclinações*. Elas surtem uma interiorização da norma moral. Também Luhmann vê a tarefa do entretenimento em re-impregnar [*re-imprägnieren*] aquilo que *é* ou que deve ser. Assim, ele contribui para a manutenção da ordem social ou moral: "Evidentemente, deve-se em grande medida se remeter ao conhecimento que já existe no espectador. O entretenimento é, nessa medida, um efeito fortalecedor em relação a um conhecimento já existente. [...] Aquilo pelo que os românticos inutilmente ansiavam, uma 'nova mitologia', concretiza-se por meio das mídias de massa. O entretenimento re-impregna aquilo que já se é sem mais; e, como sempre, assim também se ligam *performances* de memória com oportunidades para o aprendizado"[133].

A teoria moral de Kant é certamente mais complexa do que normalmente se admite. Ele não excluiria de antemão a possibilidade de um entretenimento moral. A sua "Doutrina do método da razão prática pura" faz valer, a saber, a pergunta: "Como se poderia dar às leis da razão prática pura *admissão* na mente humana, *influência* nas máximas da mesma, isto é, fazer a razão objetivamente prática também *subjetivamente* prática?" No contexto dessa doutrina do método, o próprio Kant fala de um entretenimento moral: "Quando se presta atenção ao curso das conversas em sociedades mistas, que não consistem apenas de eruditos e intelectuais, mas também de pessoas de negócios e de quartos femininos, percebe-se que, para além do contar e do gracejar, há lugar ainda para um entretenimento; a saber, o raciocinar [*Räsonieren*] [...]. Entre todo o ra-

---

133. LUHMANN, N. *Die Realität der Massenmedien* [A realidade das mídias de massas]. Opladen, 1996, p. 108s.

ciocinar, porém, não há nenhum que [...] suscite mais a participação das pessoas, e que traga uma certa vivacidade à sociedade, do que aquele sobre o valor *moral* [*sittlichen*] desta ou daquela ação, por meio do qual o caráter de uma pessoa deve ser constituído. Aqueles para os quais de outro modo tudo o que é sutil e rigoroso em perguntas teóricas é seco e ranzinza logo participam, quando se trata de extrair o conteúdo moral de uma ação boa ou má narrada, e são, assim, tão rigorosos, tão sutis a ponto de distinguirem tudo o que diz respeito à pureza da intenção e, portanto, do que poderia diminuir ou mesmo apenas tornar o suspeito o grau de virtude, como não se esperaria deles em qualquer outro objeto de especulação"[134]. Em que medida, porém, o entretenimento sobre perguntas morais providenciaria um divertimento duradouro; sim, mais divertimento do que gracejos? Segundo Kant, já as crianças encontram divertimento em reconhecer o conteúdo moral de uma ação

---

134. KANT, I. *Kritik der praktischen Vernunft* [Crítica da razão prática]. Op. cit., p. 289s.

narrada. Já é próprio a elas aquela "tendência à razão" de "realizar com prazer mesmo o exame mais sutil sobre as perguntas práticas que são levantadas"[135]. As crianças morais de Kant "competem" umas com as outras no "jogo da faculdade do juízo". Elas se mostram "interessadas", porque elas sentem um "progresso da sua faculdade do juízo"[136].

O entretenimento sobre perguntas morais tem de, todavia, caso ele queira ser efetivo, atuar não no âmbito do sentimento, mas sim no âmbito do conceito: "Expor como modelo para as crianças as ações como nobres, corajosas, beneméritas, sendo da opinião de que se captura elas por meio da infusão de um entusiasmo pelas mesmas [ações], trai completamente o propósito"[137]. Elas devem "ser poupadas de exemplos das assim chamadas ações *nobres* (extremamente beneméritas), das quais os nossos escritos emotivos fazem tanto caso"[138]. Do ponto de vista moral, os "heróis

---

135. Ibid., p. 290.

136. Ibid., p. 291.

137. Ibid., p. 294.

138. Ibid., p. 291.

de romance" surtem, portanto, apenas pouco efeito. Deve-se chegar "ao dever e ao valor que uma pessoa pode dar a si mesma a seus próprios olhos por meio da consciência de não tê-los transgredido". Moral é paixão. Essa consiste em "abandonar" o "elemento" com o qual se "está naturalmente acostumado", e, de fato, "não sem autonegação" e "[sem] se entregar a algo de mais elevado", o que "só se pode, com incessante preocupação com a recaída, alcançar com esforço"[139].

Para Kant, o entretenimento moral seria pensável então, no máximo, como um "*jogo* da faculdade de juízo". De fato, "nos entretemos" de bom grado com o julgamento de exemplos morais. Ele, porém, não produz nenhum "interesse nas ações e na sua moralidade ela mesma"[140]. O jogo com questões morais se apoia em uma ausência de interesse. Ele é, a saber, uma ocupação *estética*, que é em larga medida indiferente à "existência do objeto", ou seja, à *efetivação* da moralidade. Assim, pertente à

139. Ibid., p. 295.

140. Ibid., p. 298.

**112**

formação moral, para além da ocupação com a faculdade do juízo, um *"segundo"* exercício, que consiste em "se livrar da intromissão das inclinações de tal maneira que nenhuma, nem mesmo a mais querida, tenha influência em uma decisão na qual deveríamos nos servir de nossa razão"[141].

As narrativas morais que impregnam, como mitos do cotidiano, o agir com o tranquilizante *é assim que é*, e que, além disso, *entretêm*, são, no que diz respeito à modulação do social, possivelmente mais efetivas do que "princípios" morais erguidos "sobre conceitos" ou do que a "seca e severa representação do dever"[142]. Narrativas não argumentam. Elas tentam *agradar* e *entusiasmar*. É nisso que a sua alta efetividade se funda. As formas de entretenimento narrativas das mídias de massa contribuem para a estabilização da sociedade ao habituarem normas morais, ao fixá-las em inclinações, no cotidiano e na obviedade do *é assim que é*, que não carece de nenhum

141. Ibid., p. 299.

142. Ibid., p. 294.

julgamento ou reflexão adicional. As inclinações, que Kant descredita, são, na realidade, um componente importante do social. Nelas se apoia, justamente, o *habitus* [hábito] social. A dicotomia sensibilidade *vs.* razão ou inclinação *vs.* dever, à qual Kant se aferra, é abstrata. Ela o torna cego para certos mecanismos de atuação do social ou também do moral.

Kant vê, de fato, ele mesmo a necessidade de uma habituação das leis morais. Mas ele a situa no âmbito do *julgamento* e da *reflexão*. O que importa é, a saber, "fazer do julgamento segundo leis morais uma ocupação natural e, por assim dizer, um hábito que acompanha a observação de todas as nossas ações livres assim como a [observação] das [ações livres] dos outros"[143]. Sentimentos ou inclinações, porém, não são tão instáveis ou inconfiáveis como Kant quer que se pense que eles são. Um hábito moral, um automático moral do hábito que fosse efetivo de modo *pré-reflexivo* prometeria mais sucesso do que a decisão *consciente*.

---

143. Ibid., p. 297.

Kant poderia ter memorizado uma palavra do autor de *Struwwelpeter*. Hoffman tem claramente uma ideia completamente diferente da formação moral; sim, da alma humana em geral. Talvez não seja por acaso que ele foi médico de um hospício. Sua doutrina do método enuncia: "Com a verdade absoluta, com proposições algébricas ou geométricas, não se toca [...] nenhuma alma infantil, mas sim só a deixa definhar miseravelmente. [...] e feliz é *o* ser humano que soube salvar dos seus anos crepusculares uma parte da sua mente infantil [*Kindersinnes*] para a [sua] vida". Talvez não apenas crianças, mas sim toda pessoa porte em si mesmo uma "mente infantil", uma "alma infantil" que não se volta tanto para princípios ou para a representação seca e severa do dever, mas sim para *histórias* que entretêm, tranquilizam e alegram. Normas se tornam inclinações lá onde elas *rimam* com a alma infantil pela forma de uma narrativa. Entretenimento é narração. Ele tem uma *tensão* narrativa. Mais efetivo do que a coação e o dever é o método que se arreda em histórias e que se *enreda* em tensões. Essa também é a essência do *mito*, que chega até o presente em sua cotidianidade. A narratividade do mito domina também o entretenimento. Por isso, ele é mais efetivo do que o imperativo moral e mais obrigante do que a razão e a verdade.

# Entretenimento saudável

> *Assim permanece eternamente verdadeiro que nossos anciãos em duas palavras douradas como a suma de todas as regras de vida exprimiram: ore e trabalhe – O resto fará Deus.*
> Christoph Wilhelm Hufeland. *Die Kunst, das menschliche Leben zu verlängern* [A arte da prolongar a vida humana].

> Evite todo ócio mongo,
> Ele faz o tempo e o bocado longo,
> Dá a sua alma um ruim gongo
> E é a poupança do diabo tongo.
> Christoph Wilhelm Hufeland. Recitado em seu leito de morte.

Na *Crítica da faculdade do juízo* Kant invoca Voltaire, que teria dito: "o céu nos deu como contrapeso contra os muitos fardos da vida duas coisas: a *esperança* e o *sono*"[144]. A essas duas coisas Kant gostaria de acrescentar uma terceira; a saber, o riso. Ele também

---

144. KANT, I. *Kritik der Urteilskraft* [Crítica da faculdade do juízo. Op. cit., p. 439.

poderia ter dito: o *bom entretenimento*, pois Kant reflete sobre o riso e seu efeito positivo justamente no parágrafo que trata do jogo e do entretenimento.

Kant conta entre os meios de entretenimento o "jogo de sorte", o "jogo musical" e o "jogo mental"[145]. Ao fazê-lo, porém, ele os atribui à esfera das "meras sensações". O prazer que parte deles é uma "sensação *animal*, isto é, corporal"[146]. O entretenimento não tem, portanto, acesso ao conhecimento. Ele agrada sem ampliar o conhecimento.

O entretenimento se dá num nível abaixo do juízo de gosto. Assim, o seu objeto *não é nem bonito nem feio*. Ele é, simplesmente, "agradável". Ele agrada imediatamente os sentidos, enquanto o sentimento do belo pressupõe uma mediação da reflexão; isto é, um "julgamento"[147]. O belo não é um objeto da sensação sensível. Antes, ele tem a ver com o conhecimento e com o juízo. De fato, ele não produz nenhum conhecimento. Mas, em vista

---

145. Ibid., p. 435.

146. Ibid., p. 440.

147. Ibid., p. 405.

do belo, o sujeito sente uma "concordância" de sua faculdade de conhecimento. O jogo conjunto e harmônico da faculdade da imaginação e do entendimento, da pluralidade e da unidade, da sensibilidade e do conceito, que é constitutivo para o processo de conhecimento, constitui também o belo. A sensação de satisfação [*Wohlgefallen*] com o belo é, em última instância, um deleite [*Gefallen*] do sujeito *consigo mesmo*, com a sua "conformidade a fins" no que diz respeito ao conhecimento; ou seja, com a sua *faculdade* de conhecimento.

A "arte agradável" é, expresso modernamente, como *U-Kunst* ["U-Arte", "arte de entretenimento"]. Ela diverte e entretém ao agradar imediatamente aos sentidos. Assim, ela é apenas um objeto do gozo: "Artes agradáveis são aquelas que são destinadas apenas ao mero gozo; do mesmo tipo são todos os estímulos que podem divertir a sociedade em uma mesa". A arte agradável serve apenas para um "entretenimento instantâneo"[148]. Ela não dá nada a pensar.

---

148. Ibid., p. 403.

Kant distingue a arte agradável da arte bela. Essa seria uma *E-Kunst* ["E-Arte", "arte séria"]. A arte bela, de fato, se volta para o conhecimento; mas, como "arte estética", ela tem "o sentimento de prazer [*Lust*] como intenção imediata", e, de fato, em oposição à "arte mecânica", na qual se trata unicamente de retratar positivamente o conhecimento. O prazer que parte da arte bela não é, todavia, um "prazer do gozo" [*Lust des Genusses*], mas sim o da "reflexão"[149], ou do prazer [*Gefallen*] precedido por um *juízo* sobre o objeto. A "arte agradável", em contrapartida, é dominada pelo gozo. Falta a ela uma tranquilidade e distância contemplativas, nas quais seria possível um juízo: "[À]quilo que é agradável da maneira mais intensa não pertence, então, nenhum juízo sobre a constituição do objeto, pois aqueles que apenas se voltam para o gozo (pois esta é a palavra pela qual se caracteriza o íntimo do divertimento) se desobrigam de bom grado de todo ajuizar"[150].

---

149. Ibid., p. 404.

150. Ibid., p. 283.

Também do divertimento que acompanha o riso Kant retira toda dimensão cognitiva. O entendimento não poderia, segundo Kant, encontrar nenhum agrado no "absurdo", que se esconde "em tudo que deve suscitar um riso vivaz"[151]. A "transformação súbita de uma expectativa tensa em nada", que estimula ao riso, não alegra o entendimento. Uma "expectativa traída" não produz qualquer divertimento. Assim, Kant supõe, problematicamente, que a causa do divertimento esteja no corporal. O humor é, de fato, um "jogo de pensamentos". Mas o divertimento que ele traz consigo não é causado por pensamentos, mas sim de maneira puramente corporal. A explicação de Kant lembra daquela estranha glândula pineal de Descartes que liga o corpo e a alma um com o outro. Kant parte da suposição de que "a todos os nossos pensamentos estaria ligado harmonicamente algum movimento dos órgãos do corpo"[152]. Assim, saltos de pensamento inesperados ou desvios do habitual, que cons-

---

151. Ibid., p. 437.

152. Ibid., p. 439.

tituem uma piada, colocam os órgãos do corpo em uma "*oscilação*" que exige a produção de um equilíbrio e que tem influência benéfica na saúde[153]. O divertimento não mexe com o "julgamento da harmonia nos tons ou com ideias humorosas", mas sim com o jogo conjunto harmônico dos órgãos corporais. Não o "jogo de representação" como tal, mas sim o "jogo de sensações", o "afeto que move as entranhas e o diafragma"[154] que constitui o divertimento. Um sentimento de bem-estar corporal é causado pela "tensão e relaxamento recíprocos das partes elásticas das entranhas, que se comunicam ao diafragma", "de modo que a língua emite ar com correntes que se seguem rapidamente umas às outras, e assim dá início a um movimento que contribui para a saúde"[155]. O divertimento que parte de um entretenimento não é, por conseguinte, espiritual, mas sim animal; sim, de natureza corporal-muscular. Kant aponta para o fato "de que o

---

153. Ibid., p. 437.

154. Ibid., p. 436.

155. Ibid., p. 439.

sentimento da saúde, por meio de um movimento das entranhas correspondente *àquele* jogo, constitui o todo daquele divertimento, estimado tão fino e pleno de espírito, de uma companhia inteligente"[156].

O entretenimento é saudável na medida em que ele "balança o corpo curativamente"[157]. À alternância entre afetos negativos e positivos surte um "movimento interno" que demanda "toda a ocupação vital no corpo". O bom entretenimento é tão saudável quanto a massagem corporal oriental: "A agradável fraqueza que se segue a tal sacudimento por meio do jogo dos afetos é um gozo do bem-estar produzido pelo equilíbrio de algumas forças vitais em nós; o que, em última instância, leva ao mesmo bem-estar que os voluptuosos do Oriente acham tão agradável, quando eles, por assim dizer, costuram os seus corpos e deixam que seus músculos e juntas sejam levemente pressionados e picados"[158].

---

156. Ibid., p. 436.

157. Ibid., p. 440.

158. Ibid., p. 364s.

Kant retira do entretenimento todo potencial cognitivo. Ele é um acontecimento sensível-afetivo, que não tem acesso nenhum ao sentido. Assim, escapa a Kant que o entretenimento é *saudável* em um sentido inteiramente diferente, para além do cuidado com a saúde corporal. O entretenimento estabiliza, a saber, as relações sociais existentes. Ele estabelece, com imagens e histórias, o que *é* e deve ser. Assim, ele favorece a interiorização de normas. Ele consegue esse resultado justamente por causa de sua estrutura semântica e cognitiva. A efetividade do entretenimento consiste em que ele penetra na camada cognitiva, por mais que finja apenas entreter e divertir.

Também o riso é mais do que um jogo harmônico de entranhas e diafragma que produz um sentimento corporal de saúde. O riso que é causado por um desvio do habitual restitui e firma precisamente a esse. Que se ria do desviante significa, afinal, que normas são confirmadas. E a risada sobre o outro significa sempre a confirmação do próprio, do conhecido e do familiar. Assim, também o entretenimento que agrada se dá em um âmbito cognitivo; isto é, no âmbito do sentido. No rir que diverte não toma parte apenas, portanto, diafragma e entranhas, mas sim também um juízo. Justamente o exemplo de piada de Kant mostra que a risada, contra sua suposição, representa um acontecimento do sentido. A risada sobre o estranho implica sempre um sentimento de superioridade do próprio[159].

Em vista do belo, a mente [*Gemüt*] se encontra em "*tranquila contemplação*"[160]. Justamente essa tranquilidade contemplativa faz do belo inapropriado para o entretenimento, pois o entretenimento se baseia em um "movimento". A mente é fortemente movida por afetos. De fato, também se é colocado em um "movimento agitado" em vista do sublime[161].

---

159. Ibid., p. 437: "Se alguém conta que um indiano à mesa de um inglês em Surate abriu uma garrafa de cerveja e viu toda essa cerveja, transformada em espuma, sair, e mostrou com muitas exclamações o seu grande espanto, e, à pergunta do inglês 'O que há tanto aqui para se espantar?' responde: 'Eu também não me admiro que ela saia, mas sim como vocês conseguiram colocá-la dentro', então rimos, e isso nos dá um vigoroso prazer".

160. Ibid., p. 345.

161. Ibid., p. 359.

Mas o sublime entretém exatamente tão pouco quanto o belo, pois o sentimento do sublime não é nenhuma "sensação *animalesca*; isto é, corporal". Ele se refere ao suprassensível.

Kant chama de sublime aquilo que se furta a uma apresentação sensível. Assim, o sublime é um "abismo" para a faculdade da imaginação, "na qual ela teme perder a si mesma"[162]. Ele não se *coagula* em uma *imagem*. Essa negatividade produz um sentimento de medo e desprazer. Mas ela também surte um efeito positivo na faculdade de imaginação. Essa é, a saber, estimulada a abandonar o sensível em favor do suprassensível. Essa passagem para o suprassensível caminha conjuntamente com um sentimento de prazer, a saber, o sentimento da "superioridade da determinação da razão de nossa faculdade de conhecimento [que está] acima da maior faculdade da sensibilidade". Em vista do sublime [*Erhabenen*], o sujeito se sente elevado [*erhaben*] para além do sensível. O sentimento do sublime é um sentimento do sujeito, um sentimento da *elevação*

162. Ibid., p. 345.

[*Erhabenheit*] acima do sensível, que o sujeito projeta falsamente no objeto.

O sentimento do sublime é um sentimento contraditório de desprazer *e* prazer, que surge "da rápida alternância entre repulsão e atração" do objeto. Essa *tensão*, esse movimento que parte do sublime, não contribui, contudo, para o entretenimento, pois o sentimento do sublime é sempre inserido no suprassensível, nas suas *ideias*. Ele contém uma disposição [*Stimmung*] para o suprassensível ou é conformado ao sublime, enquanto o divertimento que parte de um entretenimento permanece um fenômeno do sensível-afetivo, uma sensação animalesco-corporal. Movimentos vigorosos da mente, que são provocados por uma rápida alternância entre afetos positivos e negativos, produzem, de fato, divertimento, ao chacoalharem e avivarem a mente agradavelmente. Mas, enquanto eles não elevarem a mente ao suprassensível, não conseguem provocar o sentimento do sublime: "Mas também movimentos tempestuosos da mente [...] não podem de modo algum, não importa o quanto eles tencionem a imaginação, reivindicar a honra da apresentação *sublime*, se eles não deixarem uma disposição mental que, mesmo indiretamente, tenha influência na consciência de sua força e decisividade para aquilo que traz consigo a pura conformidade intelectual a fins (o suprassensível). Porque, caso contrário, todas essas comoções pertencem apenas ao *movimento* que se tem de bom grado em nome da saúde"[163].

Busca-se o movimento do afeto apenas por causa do entretenimento saudável. A mente é, por assim dizer, saudavelmente sacudida. Esse movimento, porém, na medida em que permanece no sensível-afetivo, são *cócegas dos nervos*, que divertem. Ele não provoca nenhum sentimento do sublime. Como cócegas dos nervos, sim, como um "chute", ele também não "aprimora" a alma[164]. Falta a ele toda transcendência, toda referência ao suprassensível, toda *paixão*. Ele é um divertimento animal; sim, animalesco.

163. Ibid., p. 364.

164. Ibid., p. 365.

Para Kant, não vale a famosa palavra de Schiller: "O ser humano é apenas completamente ser humano lá onde ele joga". O ser humano que se entrega ao jogo e ao entretenimento é, para Kant, no máximo "completamente ser humano" porque ele *também é um animal*. O divertimento que parte do jogo e do entretenimento é, justamente, uma sensação animal, que se relaciona a entranhas, diafragma e língua. O entretenimento se assemelha à massagem corporal também na medida em que, nela, não se "aprende" nem se "pensa" nada[165]. A rápida alternância entre afetos negativos (p. ex., medo) e positivos (p. ex., esperança) apenas aviva as ocupações vitais no corpo. A massagem corporal oriental só não é um entretenimento porque o princípio do movimento "está inteiramente fora de nós". O entretenimento, em contrapartida, baseia-se em um movimento *interno*. No que diz respeito ao efeito, porém – a saber, o sentimento de saúde –, entretenimento e massagem corporal não se distinguem fundamentalmente um do

---

165. Ibid., p. 436.

outro. O "bem-estar" que um meio de entretenimento produz é um *wellness* ["bem-estar"]. Nada é "pensado" ou "aprendido" aí; apenas o corpo é "balançado curativamente".

É interessante que Kant, justamente no capítulo sobre jogo e entretenimento, fala frequentemente da saúde. O entretenimento faz bem para a saúde. Assim, a risada produz um "*equilíbrio* das forças vitais no corpo"[166]; fornece o "bem-estar corporal". Isso aparece em uma tradução inglesa de 1892 como "*bodily well-being* [bem-estar corporal]"[167]. Atualmente, se poderia simplesmente traduzi-lo com "*wellness* [bem-estar]". O entretenimento promete, então, um "*feeling of health* [sentimento de saúde"]", "*well-being* [boa disposição]" e "*wellness* [bem-estar]".

Sem dúvida, Kant deve sua atenção à saúde ao Esclarecimento. Todavia, a saúde não representa para ele nenhum valor absoluto. Ela não é o último *telos* [fim]. Antes, Kant a submete

---

166. Ibid., p. 437.

167. BERNARD, J.H. (trad.). *Kant's Kritik of Judgement* [A crítica do juízo de Kant]. Londres/Nova York, 1892, p. 221.

a uma teleologia da razão: "Ela [a saúde] é imediatamente agradável (pelo menos negativamente; i. é, como afastamento de toda dor corporal) a quem a tem. Mas, para dizer que ela seria boa, seria preciso ainda conduzi-la pela razão e pela finalidade, de modo que ela seja uma condição que nos faz prontos para todas as nossas ocupações"[168]. O entretenimento promove, de fato, "a ocupação vital inteira no corpo". Mas falta a essa ocupação vital como tal uma *ideia de negócio* [*Geschäftsidee*]. Ela serve apenas à vida nua. É primeiramente a razão que liga a saúde a um fim e a capacita, assim, a um "negócio". Assim, Kant coloca em questão a suposição de que "a existência de um ser humano *o qual* apenas vive (e com essa intenção ainda é tão ocupado) para *ter prazer* tenha valor *em si mesma*". "Apenas aquilo que ele [o ser humano] faz sem considerar o prazer" dá ao ser humano um "valor absoluto". O *fazer como paixão* determina a existência humana. O "*bodily well-being*" ["boa disposição

---

168. KANT, I. *Kritik der Urteilskraft* [Crítica da faculdade do juízo]. Op. cit., p. 285.

corporal"] é apenas uma sensação animal. O prazer não eleva o ser humano para além do ser-animal.

Kant, porém, não abdica verdadeiramente da felicidade e do prazer. É que o seu desejo, sim, o desejo da razão conta com uma felicidade absoluta, com um prazer absoluto. Kant penhora a felicidade pelo "bem supremo" que, porém, contém em si um superlativo da felicidade, a "bem-aventurança". Kant *especula* com felicidade.

No fundo de sua alma, Kant foi, possivelmente, um *homo delectionis* [homem do deleite]. Assim, ele traja a jaqueta da coação da razão para se tornar senhor do seu vício pelo prazer ou de sua imaginação desmesurada. As coações, porém, a que Kant se submete, causam dor. A interiorização da dor faz dele um *homo doloris* [homem da dor]. Ao mesmo tempo, contudo, ela faz da dor uma fonte do prazer. Assim, a dor se torna uma paixão. Ela também *intensifica* o prazer.

Em sua "antropologia", a dor é elevada a um princípio da vida. Apenas por causa da dor o ser humano sente a vida: "Sentir a sua vida, se divertir, é, então, nada mais senão sentir-se continuamente impulsionado a sair do estado atual (que, portanto, tem de ser justamente uma dor tão frequentemente recorrente)"[169]. A "*satisfação (acquiescentia)*" é inalcançável pelo ser humano. A natureza "pôs a dor nele como espora para a atividade, [espora] à qual ele não pode escapar"[170]. A dor evita a ausência fatal de vitalidade: "Estar (absolutamente) satisfeito na vida seria *repouso* inativo e parada das molas, ou sufocamento das sensações e da atividade a elas ligadas. Um tal repouso, porém, pode justamente tampouco existir conjuntamente com a vida intelectual do ser humano como a parada do coração em um corpo animal, à qual, se um novo estímulo (por meio da dor) não ocorrer, segue-se inevitavelmente a morte"[171]. O trabalho é, por isso, "a melhor maneira de desfrutar de sua vida", pois ele é

---

169. KANT, I. *Anthropologie in pragmatischer Hinsicht* – Werke in 10 Bänden [Antropologia de um ponto de vista pragmático – Obra em 10 volumes]. Vol. 10. Darmstadt, 1983, p. 554.

170. Ibid., p. 556.

171. Ibid., p. 557.

"uma ocupação difícil (em si desagradável e apenas deleitante por meio do sucesso)"[172]. A dor estimula o ser humano a "progredir para o melhor". O caminho para o melhor é, portanto, uma *via doloris* [via dolorosa]. E a dor é saudável. Ela retarda a morte.

O Esclarecimento é atento à saúde. A religião é saudável. A moral também é saudável. Assim, Kant também fala de uma "ginástica ética"[173]. A virtude contribui para a *wellness* [bem-estar]. O "poder da razão" livra a mente de "sentimentos doentios" e de inclinações e afetos que adoecem[174]. Em "O conflito das faculdades", Kant explica a "filosofia moral-prática" como um "remédio universal", que, de fato, não ajuda todos com tudo, mas que, todavia, não pode faltar em nenhuma receita". Kant atribui a ela a habilidade de "*deter* doenças" e "prolongar

---

172. Ibid., p. 552.

173. KANT, I. *Metaphysik der Sitten* – Werke in 10 Bänden [Metafísica dos costumes – Obra em 10 volumes]. Vol. 7. Darmstadt, 1983, p. 626.

174. KANT, I. *Der Streit der Fakultäten* – Werke in 10 Bänden [O conflito das faculdades. Obra em 10 volumes]. Vol. 9. Darmstadt, 1983, p. 372.

a vida humana". Para além da "mera dieta" ou "ginástica" da razão prática, a filosofia tem de atuar "terapeuticamente" como um *remédio (materia medica)*"[175]. Por força do *"efeito físico* imediato da filosofia, o qual a natureza visa por meio dela (a saúde corporal)", ela " subjuga" também um "intenso ataque da gota"[176]. A razão faz, então, bem para a saúde. Em relação à saúde ela não é nenhuma adversária do entretenimento. Ambos são saudáveis. A saúde representa um ponto de convergência no qual razão e entretenimento, afinal, se tocam.

---

175. KANT, I. *Verkündigung des nahen Abschlusses eines Traktats zum ewigen Frieden in der Philosophie* – Werke in 10 Bänden [Anúncio da conclusão próxima de um tratado sobre a paz perpétua na filosofia – Obra em 10 volumes]. Vol. 5. Darmstadt, 1983, p. 406s.

176. Ibid., p. 407.

# O ser como paixão

*Da minha vida as horas de face sagrada:*
*No brilho sombrio de ter*
*Sem ânimo hesitação*
*Vocês frequentemente estiveram a me*
  *observar.*
*Chorando eu clamei: nunca a troco de*
  *nada.*
*Meu jovem ser*
*Cansa-se da reclamação*
*Apenas ao anjo "misericórdia" familiar.*
Martin Heidegger

Em um ensaio sobre o entretenimento, Peter Glotz sugere que a crítica do entretenimento e a paixão pela morte estariam possivelmente conectadas: "O veredicto contra o entretenimento, contra a distração, contra a arte leve surgiu de raízes religiosas. Por exemplo, para Pascal, a "distração" destruiria a concentração em uma vida em vista da morte"[177].

---

177. GLOTZ, P. "Über die Vertreibung der Langeweile oder Aufklärung und Massenkultur [Sobre a expulsão do tédio ou Esclarecimento e cultura de massa]". In: GLOTZ, P. et al. (eds.). *Die Zukunft der Aufklärung* [O futuro do Esclarecimento]. Frankfurt a.M., 1988, p. 215-220, aqui p. 217.

Nessa tradição espiritual, sim, teológica, que constata no entretenimento e na distração um declínio, um dejeto da vida verdadeira, se encontra também Martin Heidegger. A distração é, segundo Heidegger, uma "fuga frente à morte"[178]. Ela faz com que o ser-aí deslize da "possibilidade da *existência autêntica*"[179]. É primeiramente em vista da morte como "impossibilidade desmesurada da existência"[180] que o ser-aí se conscientiza da possibilidade da existência autêntica. Heidegger se vale, como ocorre com frequência, da linguagem da religião cristã. O ser-aí é exposto à "constante tentação da queda". Assim, o "estar-no-mundo" é "*tentador*"[181]. A distração leva ao "estado da decadência [*Verfallenheit*]". Ela é a inimiga de uma vida séria, pronta para a luta[182], que

---

178. HEIDEGGER, M. *Sein und Zeit* [Ser e tempo]. Tübingen, 1993, p. 390.

179. Ibid., p. 263.

180. Ibid., p. 262.

181. Ibid., p. 177.

182. Em alemão, a palavra *"Ernst"* ("seriedade") significa originalmente *"Kampf"* ("luta").

tem em vista a morte. "Luta"[183] e "decisividade" pertencem ao vocabulário existencial-ontológico de Heidegger. Segundo Heidegger, o ser-aí "elege para si", em uma "decisividade combatente", "os seus heróis". *Existência é paixão*. Ela é, ao mesmo tempo, paixão pela morte.

De fato, o termo "entretenimento" não pertence ao vocabulário de *Ser e tempo*. Mas a análise existencial-ontológica da "cotidianidade" contém formulações que devem se dirigir a uma fenomenologia do entretenimento. O "Se" [*Man*] de Heidegger é, por exemplo, uma figura que se deixa conceber como um sujeito do entretenimento de massa; sim, como um hipersujeito da mídia de massas: "No uso de meios públicos de transporte, no uso do ser das notícias (jornal), todo outro é como o outro. Esse ser um com o outro dissolve completamente o ser-aí próprio no modo de ser 'dos outros' de modo que, de fato, os outros desaparecem ainda mais em sua distinção e expressividade. Nessa discrição e não verificabilidade,

---

183. HEIDEGGER, M. *Sein und Zeit* [Ser e tempo]. Op. cit., p. 384.

o "Se" desenvolve a sua própria ditadura. Temos prazer e nos divertimos, como *se* diverte; lemos, vemos e julgamos sobre literatura e arte, como *se* vê e *se* julga"[184]. O Se encarna, sim, verbaliza o horizonte de sentido e entendimento medianos, a partir do qual a massa *se* entende e entende o mundo. Ele consiste de modelos de interpretação e comportamento rotineiros pelos quais a massa se orienta. O Se é constitutivo para o entender, pois ele produz, com seus modelos de percepção, uma realidade, uma "realidade cotidiana e persistente"[185].

As mídias de entretenimento dispendem de maneira diferente os modelos de intepretação e entendimento. Assim, o entretenimento [*Unterhaltung*] também *conserva* [*unterhält*] o mundo[186]. O entretenimento também é conservação. A televisão, da qual, todavia, não se

---

184. Ibid., p. 126.

185. Ibid., p. 170.

186. Aqui, o autor vale-se do fato de que o termo alemão para entretenimento, *Unterhaltung*, assim como o verbo para entreter, *unterhalten*, têm o sentido tanto de conservação e de conservar quanto de entretenimento e entreter [N.T.].

fala em *Ser e tempo*, poderia ser interpretada como a principal mídia do Se. É que ela não retrata passivamente uma realidade "objetiva". Antes, ela produz ativamente a realidade; a saber, aquilo que vale como *real*. Desse modo, a televisão é uma *máquina de realidade*. A televisão [*Fernsehen*] não produz nenhuma distância [*Ferne*], mas sim uma *proximidade*[187]. Ele afastaria [*entferne*] a distância ao produzir a realidade; ou seja, a *proximidade da* "*situação* [*Ausgelegenheit*] *cotidiana*".

O entretenimento de massa faz com que significados e valores circulem pelo caminho

---

187. Aqui o autor brinca com o fato de que *Fernsehen*, em alemão, termo que pode significar tanto televisão quanto assistir televisão, é composto de *fern*, que significa longe, e *sehen*, que significa ver. Assim, assistir televisão é "ver longe". Mais: é um ver longe que, justamente, aproxima o espectador daquilo que estava longe, de modo que se remove ou desfaz a distância (que em alemão se diz, justamente, *Ferne*) do espectador em relação àquilo que é visto – em outras palavras, a televisão *afasta* (no sentido de remover ou retirar), ou, em alemão, *entfernt*, a distância, no que o autor explora o fato de que o próprio verbo para remover em alemão, *entfernen*, é composto de *fern*, adjetivo que, como dito, significa "longe", e de *ent*, prefixo que tem tipicamente o sentido de negação daquilo a que ele é prefixado; ou seja, *entfernen* significaria, justamente, negar, anular, desfazer a distância [N.T.].

*narrativo* e *emotivo*. Ele também forma sentimentos que são constitutivos para a percepção: "A soberania da situação pública já decidiu até mesmo sobre a possibilidade do estar em acordo; quer dizer, sobre o modo fundamental no qual o ser-aí se deixa levar pelo mundo. O Se esboça o estado mental, ele determina o que e como se 'vê'"[188]. A função das mídias de entretenimento consiste em *re-impregnar* aquela "situação pública" que determina "o entendimento mediano"[189], a visão *normal* do mundo. Modelos de entendimento e de interpretação são interiorizados física e psiquicamente por *canais do prazer*. Assim, o entretenimento estabiliza a sociedade existente; preserva [*erhält*] a si mesmo ao *se* entreter [*unterhält*]. A estrutura de sentido que trata apenas de *reproduzir* "*desenfarda*"[190] o juízo e o entendimento. A *invenção de um mundo*, sim, do *outro como um todo*, seria essencialmente mais custosa e difícil do que encontrar um mundo já *interpretado*.

---

188. Ibid., p. 169s.

189. Ibid., p. 167s.

190. Ibid., p. 127.

Assim, também assistir televisão efetua um "desenfardo do ser" ao oferecer um retrato do sentido pré-pronto, a saber, *mitos*: "E porque o Se vai ao encontro, ao desenfardo do ser do ser-aí correspondente, ele recebe e firma a sua soberania perseverante"[191]. O entretenimento não é, visto assim, uma contrafigura do "cuidado", um *se entregar descuidado ao mundo*, mas sim uma forma decadente do "cuidado", na qual o ser-aí *cuida* de ter coisas que desen-*fardem* sua existência.

O entretenimento é um *desenfardo do ser*, que, além disso, produz *prazer*. A esse resultado leva uma fenomenologia do entretenimento que tome empréstimo da análise de Heidegger da cotidianidade. Assim, o "falatório" [*Gerede*] desen-farda a *fala* [*Rede*]. Ele representa a soma ou a totalidade dos retratos do sentido ou das convicções cotidianas: "a falta de solo do falatório não barra a ele o caminho para a esfera pública, mas sim o legitima. O falatório é a possibilidade de entender tudo sem uma

---

191. Ibid., p. 128.

proximidade prévia com a coisa"[192]. Também fofocas e rumores são "falatório". Como formas de entretenimento, elas são constitutivas para a manutenção da "situação pública". Elas não celebram, portanto, o sem sentido. Antes, elas têm a sua própria *abertura*. A cotidianidade é repleta de ofertas de sentido medianas às quais se dá continuidade também inconscientemente: "No ser-aí, essa situação do falatório já se estabeleceu. Muitas coisas conhecemos pela primeira vez dessa maneira, e não menos nunca vai além dessa compreensão mediana. Ele nunca consegue se furtar [...] a essa situação cotidiana"[193].

Heidegger não descreve o Se ou o falatório inteiramente em sua neutralidade fenomenológica. Ela é continuamente interrompida por avaliações ou representações que se originam claramente de raízes religiosas. Assim, um "significado que se retira" adere por fim ao falatório. Aquelas avaliações fazem com que a positividade da cotidianidade seja invertida

---

192. Ibid., p. 169.

193. Ibid.

continuamente na negatividade do inautêntico. Assim, o falatório também fala até exaurir [*zerredet*] a possibilidade da existência autêntica: "O ser-aí que se mantém no falatório está cortado, como ser-no-mundo, da primária e originalmente autêntica referência ao mundo, ao ser-aí-com, ao próprio ser-em"[194]. O falatório é oposto à sua contrapartida positiva; a saber, ao "silenciar", que faz ouvir o "assombro do pairar". O Se desen-*farda*, de fato a existência. Mas o ser como tal traz um fardo. O ser é paixão. O Se ou o entretenimento des-*passionaliza* a existência [colocando-a] na "falta de solo e na nulidade da cotidianidade inautêntica"[195]. O falatório é, na verdade, tudo menos sem solo, pois ele forma ou firma o *solo comunicativo*. Sem solo ou abismal seria aquele silenciar que se condensa em paixão.

*Ser e tempo* também poderia ter se chamado *Paixão e entretenimento*. O *homo doloris* [homem da dor] como figura da paixão representa a contrafigura do Se. Apenas na

---

194. Ibid., p. 170.

195. Ibid., p. 178.

**144**

"separação originária da decisividade oculta que demanda angústia"[196] o ser-aí encontra a sua existência autêntica. Paixão é separação. *Homo doloris* [homem da dor] é *homo solitudinis* [homem da solidão]. O entretenimento, em contrapartida, não tem o efeito de separar. Em contrapartida ao Se, que "para, detém e retarda de maneira característica toda nova pergunta e toda confrontação"[197], mantendo o familiar, Heidegger lança o *homo solitudinis* ["homem da solidão"] no *incerto*. Ele se expõe àquela angústia que o livra das "ilusões do Se"[198]: "A angústia toma do ser-aí, assim, a possibilidade de se entender, de maneira decadente, a partir do 'mundo' e da situação pública"[199].

A concordância com o mundo constitui a decadência. Também o entretenimento se baseia em uma concordância com aquilo que *é*. Sim, ele pode mesmo *produzi-la primeiramente* ou, pelo menos, preservá-la. A angústia como

---

196. Ibid., p. 322.

197. Ibid., p. 169.

198. Ibid., p. 266.

199. Ibid., p. 187.

fermento da existência autêntica se exterioriza, em contrapartida, *negativamente*. Ela desfaz "todo reforço da existência já alcançada"[200]. Ela faz do ser-aí *sem casa*, ao arrastar o ser-aí para fora do mundo com que ele está familiarizado. O entretenimento, em contrapartida, tem de fazer o ser-aí *se sentir em casa* no mundo *atual*. Ele é uma *manutenção* [*Unterhalt*] da casa. Entretenimento [*Unterhaltung*] é *manutenção da casa* [*Haus-Haltung*][201]. Em vista da morte, o ser-aí incorre *fora de casa*. Ele se torna consciente daquele *assombro* do ser que permanece velado no mundo unívoco e familiar do Se.

Na decadência, o ser-aí não se esforça para ir além do conhecido e do familiar. A concordância com o mundo é a sua constituição. O

---

200. Ibid., p. 264.

201. Aqui, o autor brinca com a proximidade dos termos *Unterhalt* ("sustento", "manutenção", "conservação"), *Unterhaltung* (que, como indicamos, além de significar entretenimento, pode ter o significado de manutenção ou conservação, assim como *Unterhalt*) e *Haushaltung* ("administração ou manutenção da casa"), escrevendo o último substantivo como *Haus-haltung* para indicar que todos os termos apontariam para a ideia do verbo *halten*, que significa, entre outras coisas, manter, sustentar [N.T.].

ser-aí *já desde sempre chegou*. Assim, a "temporalidade da decadência" é o "presente"[202]. O futuro é um mero avanço e prolongamento do aqui e agora. A temporalidade da decadência não permite o *inteiramente outro*. A ela está fechado o *futuro* em sentido enfático, no sentido do *concebido-no-chegar*. A temporalidade da decadência é também a do entretenimento. O ser-aí que se entretém [*unterhält*] se *detém* [*hält*] no aqui e agora. O entretenimento firma aquilo que *é*. A sua temporalidade também é o presente. O passado é o antigo. O porvir é o novo. Mas nem o antigo nem o novo são o *outro*.

A paixão da existência autêntica aponta para uma estrutura temporal completamente diferente. É determinante para ela, em oposição à decadência, não o presente, mas o futuro. O futuro é a temporalidade da paixão. Aquele futuro messiânico no qual o *inteiramente outro* se revela é, de fato, estranho ao pensamento de Heidegger; mas o futuro autêntico como "avançar para a morte" também

---

202. Ibid., p. 346.

abandona, por sua vez, o conhecido e o familiar. Ele faz com que o mundo apareça sob a luz do "não-em-casa"[203], ao lançar o ser-aí para fora da "casa da esfera pública". Esse "não-em-casa" lança o ser-aí em uma *paixão*, coloca-o em uma decisividade heroica.

A *paixão* pela autenticidade impera no *Ser e tempo* de Heidegger. O Se permanece, em contrapartida, uma forma de decadência. Contra a sua asserção, Heidegger não o deixa na neutralidade ontológica. Desse modo, vai para o segundo plano a função constitutiva da cotidianidade sem paixão, do Se, que, entre outras coisas, consistiria em manter o mundo por meio de modelos de sentido e de identificação, de *preservá-lo/entretê-lo* [*unterhalten*] em sentido particular.

O ser-aí de Heidegger se detém primeiramente e na maioria das vezes no "mundo do labor"; ou seja, no mundo do *trabalho*. Já em *Ser e tempo*, Heidegger concebe o *trabalho* como uma forma fundamental da existência humana. O *primeiro mundo* é o "mundo do la-

---

203. Ibid., p. 189.

bor". O *trabalho* é conduzido aí pela "prudência" [*Umsicht*]. A prudência descobre as coisas em seu *para que*, ou seja, em seu *sentido*, e, de fato, pré-reflexivamente, ou seja, *antes* de uma tematização expressa. Ela produz uma *proximidade* às coisas ao subordiná-las ao ou *organizá-las* no contexto funcional do "mundo de labor" [que lhe é] familiar; elas são *situadas* de maneira correspondente ao seu *para que* característico. Heidegger chama esse trazer--à-proximidade das coisas que as organiza e as situa de "a-fastamento" [*Ent-fernung*]. A "prudência" a-fastadora [*ent-fernende*], como "aproximação", elimina a distância [*Ferne*]. Caso, porém, o trabalho cesse, a prudência se livra, assim, do elo com o mundo do labor. Surge, assim, no tempo livre como tempo livre do trabalho, uma "prudência tornada livre". Uma vez que sempre habita no ser-aí uma "*tendência essencial à proximidade*"[204], ele continua a atividade de "a-fastamento" [*Ent-fernung*] fora do mundo do labor. Assim, ele vagueia, no tempo livre, "no mundo distante e estra-

---

204. Ibid., p. 105.

nho", para se apropriar desse "apenas em sua *aparência*", Heidegger diria, para *bocejar*. No tempo livre, então, o ser-aí *assiste* [*fernsehen*]. É próprio a esse *assistir* um modo de ver especial: "O ser-aí busca a distância apenas para aproximá-la [de si] em sua aparência. O ser-aí se deixa levar unicamente pela aparência do mundo"[205]. No tempo livre, o ser-aí, liberto de sua prudência, se entrega ao seu "prazer dos olhos", ao seu desejo por *imagens*. Ele *assiste*.

A observação de Heidegger sobre a "prudência tornada livre" também pode ser lida como uma crítica do assistir: "A curiosidade tornada livre, porém, cuida de ver, não para entender o visto, ou seja, para vir a ele em um ser, mas *apenas* para ver. Ela busca o novo apenas para saltar dele novamente para o novo. Não se trata de apreender e estar cientemente na verdade para a preocupação desse ver, mas sim de possibilidades de se entregar ao mundo. Por isso, a curiosidade é caracterizada por um específico *não-se-demorar* no próximo. Ela procura, por isso, também não o ócio do

---

205. Ibid., p. 172.

demorar-se observador, mas sim o dessossego e a excitação por meio do sempre novo e da troca daquilo que se encontra. Em seu não-se--demorar, a curiosidade providencia a possibilidade constante da distração". Assistir seria, desse modo, um "entregar-se ao mundo" passivo; consomem-se apenas imagens. O ver curioso que não se demora corresponde ao *zapear*. *O ser-aí zapeia pelo mundo*. O *zapear* como "não-se-demorar" é, traduzido em ontologiquês, o modo inautêntico de ser-no-mundo. O *zapear* entendido ontologicamente distrai o ser-aí, levando-o a uma existência inautêntica.

No ano de surgimento de *Ser e tempo* (1927) Heidegger ainda não estava familiarizado com a televisão. Na Alemanha, só ocorreram tentativas de transmissão primeiramente em 1934. Já se fala, porém, do rádio em *Ser e tempo*. Ele possibilita um tipo de *ouvir-a-distância* [*Fern--Hören*]. Heidegger o vincula novamente com aquela "tendência essencial à proximidade": "todos os tipos de ampliações da velocidade dos quais tomamos parte mais ou menos coagidos insistem na superação da remotidade [*Entfernheit*]. Com o 'rádio', por exemplo, o ser-aí realiza um a-fastamento [*Ent-fernung*] do 'mundo' que ainda não se pode ignorar, em seu sentido de ser-aí, a caminho de uma ampliação e destruição do ambiente cotidiano"[206]. Nessa passagem, Heidegger avança de maneira incomumente avaliativa. Apenas a sua ontologia do ser-aí não explica, porém, por que o rádio amplia e destrói ao mesmo tempo o "ambiente cotidiano", o que exatamente é destruído, em que medida o a-fastamento [*Ent--fernung*] do mundo deve ser julgado tão negativamente. Seria o verdadeiro mundo, que seria *pátria*, destruído por meio dos sons ou das imagens advindas do "mundo distante e estranho"? Ou seriam as próprias imagens que, como *meras representações*, destruiriam o [que seria] mundial [*Welthafte*] do mundo? Por volta de trinta anos mais tarde, em vista da disseminação massiva da televisão, Heidegger se expressa de maneira mais clara. Imagens e representações apenas simulam um mundo que não é um mundo: "E os que ficaram na pátria? De muitas maneiras, eles são ainda

---

206. Ibid., p. 105.

mais sem pátria do que os que foram expulsos dela. De hora em hora eles são banidos para a transmissão de rádio e de televisão. Semanalmente o filme os leva a distritos inabitados, frequentemente apenas comuns, que simulam um mundo que não é um mundo"[207].

Também o Heidegger tardio suspeita do olho e da imagem. A sua crítica da "representação" é um tipo de crítica da imagem. Imagens não são apenas desveladoras, mas também veladoras ou ocultadoras. Elas distraem o ver do *exemplar* [*Vor-Bildlichen*][208], do *real*, que se furta a uma representação medial. Uma indicação interessante se encontra no escrito muito ridicularizado de Heidegger "Paisagem criadora – Por que permanecemos na província?" Depois de Heidegger ter descrito detalhadamente sua cabana em Todtnau, ele observa: "Esse é meu mundo do trabalho –

---

207. HEIDEGGER, M. *Gelassenheit* [Serenidade]. Pfullingen, 1985, p. 15.

208. O termo alemão para exemplar, *vorbildlich*, poderia ser traduzido literalmente como pré (*Vor*) imagético (*bildlich*), de modo que a palavra serve aqui para elucidar que o exemplar é, justamente, aquilo que precede as imagens, a representação [N.T.].

visto com os olhos *observantes* do hóspede e do apreciador do verão. Eu mesmo na verdade não observo absolutamente nunca a paisagem. Experiencio a sua mudança de hora em hora e do dia pra noite no grande ir e vir dos anos. O peso das montanhas e a dureza de seu alicerce, o crescimento sisudo dos abetos, o esplendor luminoso e singelo dos carpetes florescentes, o ruído do córrego da montanha na longa noite de outono, a rigorosa simplicidade das superfícies profundamente nevadas, tudo isso se solta e se apinha e vibra pelo ser-aí diário lá em cima. E isso, novamente, não em instantes visados de um mergulho prazeroso e empatia artificial, mas sim apenas quando o ser-aí próprio se encontra em seu *trabalho*. O trabalho *abre primeiramente* o espaço para essa realidade montanhosa. O caminho do trabalho permanece gravado no acontecimento da paisagem"[209]. Heidegger fala criticamente dos "*olhos observadores*". Mundo e paisagem

---

209. HEIDEGGER, M. *Aus der Erfahrung des Denkens* – Gesamtausgabe [Da experiência do pensamento – Obras completas]. Vol. 13. Frankfurt a.M., 1983, p. 9s.

se furtam à mera *observação*. O *mundial* do mundo não permite ser objetificado em uma imagem ou em uma representação. O "peso das montanhas" e a "dureza de seu alicerce" seriam o *real* do mundo. O mundo se anuncia por meio de uma *resistência* que se comunica apenas ao trabalho. Quem não trabalha, quem apenas observa a aprecia como o *turista*, não tem, portanto, acesso ao mundo. O trabalho é continuamente invocado enfaticamente. Apenas o trabalho faz do mundo acessível. Apenas o trabalho "abre" o "espaço" para a "realidade montanhosa". A mera observação, em contrapartida, faz com que o mundo desapareça. O *real* do mundo é apenas acessível, aquém da *mediação medial* [*medialen Vermittlung*]. Ele se mostra apenas no *apinho* e no *empurro* de carpetes florescentes e de superfícies profundamente nevadas, do ruído do córrego da montanha e do crescimento sisudo do abedo: "Tudo isso se aperta e se empurra". Esse apinho e empurro do *real* é destruído por *mídias*. Essas mídias colocam o "ser-aí cotidiano" (*Ser e tempo* ainda acompanha essa expressão) no "distrito da representação, que simula um mundo que não é um mundo".

O *peso* e o *sustentador* [*Tragende*] constituem a *facticidade do mundo*. A crítica das mídias de Heidegger consiste, em última instância, em que imagens mediais *de-facticizam* [*de-faktifizieren*] o mundo, de modo que, por assim dizer, elas *não pesem mais*, de modo que elas, por isso, não podem suportar o *peso do mundo*, o *peso próprio das coisas*. O medial tem por consequência o desaparecimento do real. Assim, em Heidegger, evoca-se antes de tudo aquelas propriedades das coisas que se furtam ao mero ver como o "peso da montanha" ou a "dureza e cheiro do carvalho"[210]. Nem o "cheiro do carvalho" nem o "crescimento sisudo do abeto" se deixam objetificar medialmente. As coisas autênticas, as coisas de um mundo *encravado* têm um peso especial, uma *materialidade* especial, que se opõem à *medialidade*. A *ausência de peso* do mundo medial e virtual de-facticiza o mundo. Apenas a "amplidão de todas as coisas amadurecidas", segundo Heidegger, "doa

---

210. Ibid., p. 88.

o mundo"[211]. As coisas mediais, em contraparti-da, não são *amadurecidas*, mas sim *produzidas*. O assistir-de-longe [*Fern-Sehen*] a-fasta [*ent--fernt*] justamente aquela "amplidão de todas as coisas amadurecidas". Heidegger opõe as coisas "*amadurecidas*", *nascidas* ou *enraizadas* às coisas produzidas medialmente e defactizadas.

O pensamento de Heidegger faz valer uma *refactização* do mundo. Essa ocorre antes de tudo no âmbito linguístico. Rimas e meias-rimas (*Pracht* [esplendor]/*Herbstnacht* [noite de outono], *Tannen* [abedo]/*Matten* [carpete]) sugerem uma ordem originária e primitiva do mundo, que se furta tanto à representação como também à produção medial do mundo. A re-facticização do mundo se dá por meio de uma refacticização da linguagem. Isso também vale para as coisas de Heidegger. Estas são conheci-das: *Bach und Berg* [córrego e montanha], *Buch und Bild* [espelho e presilha], *Krone und Kreuz* [coroa e cruz][212]. Meias-rimas amarram as coi-sas em um mundo originário. Elas constroem

---

211. Ibid., p. 89.

212. HEIDEGGER, M. *Vorträge und Aufsätze* [Conferências e artigos]. Pfullingen, 1954, p. 181.

uma realidade que é talvez exatamente tão irreal ou virtual como o mundo das coisas mediais.

Expressões de Heidegger como "dureza", "peso", "deserto" ou "fardo" não evocam apenas a facticidade do mundo. Elas também avançam uma linguagem da paixão. *Ser é sofrer*. No *entretenimento* que desen-*farda* o ser-aí se é afastado do ser como paixão. Apenas o *trabalho* corresponde ao caráter de paixão do ser. A ênfase do *trabalho* sobrevive, em Heidegger, à mudança do lugar do mundo de labor para o mundo montanhoso. Em "Paisagem criadora" se enuncia: "O trabalho *abre primeiramente* o espaço para essa realidade montanhosa. O caminho do trabalho permanece gravado no acontecimento da paisagem". Mesmo o trabalho não é, sobretudo no Heidegger tardio, uma *ação*, um *fazer* ou *produzir*. Ele é uma *paixão*. Ele se baseia em uma submissão. Em uma passividade e paixão particulares, ele segue ao "acontecimento da paisagem".

Para Heidegger, também o pensamento é um trabalho. O pensamento como trabalho é, por sua vez, uma paixão. A passividade do "padecimento" [*Leidens*] o caracteriza. A tarefa do pensamento consiste em "ser um eco": "Ser um eco é o padecimento [*Leiden*] do pensamento. A sua paixão [*Leidenschaft*] é a sobriedade silenciosa"[213]. Paixão sóbria é, na verdade, um oximoro. Heidegger entende, porém, a paixão [*Leidenschaft*] literalmente como estado-de-*padecimento* [*Leiden-schaft*]. Ela significa a passividade do se entregar àquilo que *há* para pensar, o que, porém, não é acessível a uma apreensão ativa, mas sim a um padecimento passivo. O pensamento tem de primeiramente se de-terminar [*be-stimmen*], se con--formar [*durch-stimmen*]; sim, se deixar *sobre--julgar* [*über-stimmen*][214] pelo "imprepensável" [*Unvordenklichen*][215] ou pelo "portador-for-

---

213. HEIDEGGER, M. *Bremer und Freiburger Vorträge* [Conferências de Bremer e Friburgo]. Vol. 79. Frankfurt a.M., 1994, p. 66.

214. Aqui, o autor usa de diversos verbos que seriam compostos a partir da prefixação de um mesmo verbo, *stimmen*, que significa, entre outras coisas, justamente, estar de acordo, concordar, estar conforme, o que apontaria o caráter passivo da relação que Heidegger concebe entre o pensamento e o "imprepensável" [N.T.].

215. HEIDEGGER, M. *Beiträge zur Philosophie* – Gesamtausgabe [Contribuições para a filosofia – Obras selecionadas]. Vol. 65. Frankfurt a.M., 1989, p. 415.

mador"[216]. Justamente nisso consiste a *facticidade do pensamento*.

O pensador de Heidegger é um *homem de dor*. A sua *teologia da dor* enuncia o seguinte: "Na rasgadura da dor o altamente concedido [*Gewährte*] resguarda [*wahrt*] a sua duração [*Währen*][217]. A rasgadura da dor rasga o ir ocultado da benevolência em uma chegada incomum da graça"[218]. A rasgadura no pensamento é a abertura para o "grande", que "é grande demais para o ser humano". A interioridade *fechada* do pensamento sem rasgadura não seria receptível para aquela "chegada da graça". É primeiramente a rasgadura, a dor que abre o pensamento humano para o *sobre*-humano [*Über-menschlich*]. Dor é transcendência; dor é Deus. Entretenimento é imanência;

---

216. Ibid., p. 260.

217. Heidegger explora aqui a proximidade dos termos *wahren* ("defender"), *Gewährte* (substantivo derivado do verbo *gewähren*, "conceder", de modo que *Gewährte* seria o "concedido") e *Währen* ("durar", "duração"), todos os quais se aproximam dos termos *wahr* ("verdadeiro") e *Wahrheit* ("verdade") [N.T.].

218. HEIDEGGER, M. *Bremer und Freiburger Vorträge* [Conferências de Bremer e Friburgo]. Op. cit., p. 57.

ela é ausência de Deus. A fixação de Heidegger pela paixão se espelha também em sua escolha de coisas. De maneira característica, as suas últimas coisas são "coroa e cruz". Justamente por causa da proximidade à "cruz", a "coroa" se deixa pensar como a coroa de espinhos do *homo doloris* [homem das dores]. Também Heidegger clama a Deus por desespero e, de fato, em vista do mundo da "intriga" defacticizado pela técnica e pelas mídias: "Apenas um Deus pode ainda nos salvar"[219]. O *ser* como dor, como *prece* é oposto à *imanência do ente*, a qual é irremediavelmente entregue, na Modernidade, à vivência e ao entretenimento. Também o entretenimento é intriga, que leva ao desaparecimento toda "timidez" frente ao divino, frente ao imprepensável.

Sob muitos aspectos, Handke tem a mesma opinião de Heidegger. A desfacticização do mundo se chama, em Handke, "*dépaysement*", traduzindo em português, "Encontrar-se-fora-do-país" [*Ausser-Landes-Geratensein*] ou "es-

---

219. Cf. "Apenas um Deus pode ainda nos salvar" – Entrevista com Martin Heidegger. In: *Der Spiegel*, 31/05/1976.

tar-fora-do-país" [*Ausser-Landes-Sein*][220]. O mundo das mídias acaba, também se poderia dizer assim, com o *ser-no-mundo* autêntico. Mídias desfacticizam o mundo. A "simplicidade rigorosa da superfície profundamente nevada" na Floresta Negra invernal insere Heidegger novamente na felicidade do *ser--no-mundo* como *ser-no-trabalho*. Também Handke, por sua vez, parte para a viagem de inverno para os rios Donau, Save, Morawa e Drina. A felicidade do "*re*-paysement", do "encontrar-se-de-volta-no-país", do ser-novamente-lançado-no-mundo é capturada por Handke justamente na "baixa pressão dos trincos de gelo" e no "ter de empurrar quase penoso da porta da loja". A facticidade do mundo se anuncia primeiramente por meio do *peso*, da *resistência* das coisas: "Na leve resistência das coisas, causada pela idade e pelo peso material, em sua fricção com o corpo daquele que

---

220. HANDKE, P. *Eine winterliche Reise zu den Flüssen Donau, Save, Morawa und Drina oder Gerechtigkeit für Serbien* [Uma viagem de inverno para os rios Donau, Save, Morawa e Drina ou justiça para a Sérvia]. Frankfurt a.M., 1996, p. 55.

entra, se revela um contracorpo autônomo. [...] A porta de loja sérvia é literalmente objeto [*Gegen-stand*][221]; [...] Parte de uma comunicação momentânea intensiva de corpos, sim, sujeito de um acontecimento espacial-concreto, que tem existência em si mesmo [...]. Essa resistência leve, a força própria rastreável das coisas mais simples se furta à representabilidade, salva-as frente ao desaparecimento na disposição espelhada perceptiva"[222]. As suas coisas verdadeiras soam porém, uma vez trazidas à linguagem, ou seja, transformadas em signos, como irreais e fantasmagóricas: "panela de mel robusta escura como a floresta, galinha de sopa grande como uma truta, ninhos ou coroas de macarrão de um amarelo estranho, peixes de água-doce com bocarras de predador,

---

221. Aqui, Handke brinca com o fato de que objeto em alemão, *Gegenstand*, significa literalmente o que se põe contra ou frente (ao sujeito), o contra (*Gegen*) posto *(Stand)*, o que, portanto, nesse sentido, coloca um obstáculo, uma resistência a ele [N.T.].

222. WINKELS, H. *Leselust und Bildermacht* – Literatur, Fernsehen und Neue Medien [Prazer de leitura e poder das imagens – Literatura, televisão e novas mídias]. Colônia, 1997, p. 89s.

frequentemente grandes como em contos de fadas" etc.[223] Esse *mundo de contos de fadas* é tão irreal quanto o mundo medial. A sua linguagem de estranhos maneirismos produz ela mesma um tipo de mundo virtual.

Coisas mediais que zumbem sem qualquer peso no espaço, que estão em todo lugar – ou seja, em lugar nenhum –, também devem ter parecido fantasmagóricas a Handke. Elas já deram a Kafka muito o que falar. Mídias são, para ele, fantasmas que de-realizam [*de-realisieren*] o mundo, que tiram dele toda *apreensi*-bilidade [*Fass-barkeit*]: "A leve possibilidade do escrever de uma carta deve – visto meramente de um ponto de vista teórico – ter trazido uma assustadora ruína das almas no mundo. Isso é, de fato, uma correspondência com fantasmas [...]. Como se chegou à ideia de que seres humanos poderiam se corresponder por cartas! Pode-se pensar em uma pessoa distante e pode-se pegar uma pessoa próxima; todo o resto vai além da força humana. [...]

---

223. HANDKE, P. *Eine winterliche Reise...* [Uma viagem de inverno]. Op. cit., p. 71.

Beijos escritos não chegam ao seu destino, mas sim são sorvidos por fantasmas ao longo de seu caminho. Por meio desse rico sustento, eles crescem, de fato, de maneira inaudita. A humanidade sente isso e luta contra isso; ela inventou, para eliminar o máximo possível o fantasmagórico entre seres humanos e alcançar a correspondência natural, a paz das almas, o trem, o carro, o avião, mas isso de nada mais adianta, tratam-se claramente de invenções que são feitas já em seu declínio; o lado oposto é tão mais tranquilo e mais forte, ele inventou, depois do correio, o telégrafo, o telefone, a telegrafia de rádio. Os espíritos não morrem de fome, mas nós sucumbiremos"[224]. Os fantasmas de Kafka também inventaram, nesse meio-tempo, a televisão, a internet e o e-mail. Eles são meios de correspondência incorporal; por isso, fantasmagórica. "Nós sucumbiremos", também Handke poderia ter dito isso em vista das coisas mediais, que zumbem sem corpo e sem peso em torno de todo o

---

224. KAFKA, F. *Briefe an Milena* [Cartas a Milena]. Frankfurt a.M., 1983, p. 302.

planeta. Elas também fazem o *verdadeiro testemunho* impossível. Notícias e imagens mediais são fantasmas que se reproduzem independentemente do ser humano: "É, sim, uma correspondência com fantasmas, e de fato não apenas com o fantasma do destinatário, mas também com o fantasma de si próprio, que se desenvolve sob a mão na carta que se escreve ou mesmo em uma sequência de cartas, onde uma carta endurece a outra e pode chamá-la para si como testemunha"[225]. Tudo são, para falar com Handke, espelhamentos

---

225. Ibid. Cf. tb. BROD, M. & KAFKA, F. *Eine Freundschaft* – Briefwechsel [Uma amizade – Troca de cartas]. Vol. 2. Frankfurt a.M., 1989, p. 435: "Se eu portanto não escrevo, isso tem, então, sobretudo, como se tornou nos últimos anos sempre regra para mim, razões 'estratégicas', eu não confio em palavras e cartas, [em] minhas palavras e minhas cartas, eu quero partilhar meu coração com humanos, mas não com fantasmas, que brincam com as palavras e que leem cartas com a língua pendurada. Não acredito especialmente em cartas, e é uma estranha crença que basta colar o envelope para trazer a carta seguramente para o destinatário". Assim, Kafka tem em mente uma arte que é humana: "Esqueci ainda de dizer algo no anterior: às vezes, a essência da arte em geral, a existência da arte me parece explicável apenas a partir de tais 'considerações estratégicas', a possibilitação de uma verdadeira palavra de humano para humano".

sem referência à *realidade*: "Praticamente todas as imagens e notícias dos últimos quatro anos [...] me pareciam, e cada vez mais com o tempo, meros espelhamentos do lado comum e espelhado da visão – como *e*spelhamento em nossa própria célula visual, e no mínimo não como testemunha ocular".

Mídias tornam os humanos cegos. Elas produzem um mundo sem qualquer testemunho. Elas não dão testemunho da *realidade*. Elas falsificam [*verfälschen*] e espelham falsamente [*ver*-spiegeln] o mundo. Com a sua "intriga", elas ocultam a sua facticidade. Ser-aí é, porém, ser-submetido. O ser-aí humano se deve à "reivindicação do céu supremo" e à "proteção da terra sustentadora"[226]. Importa, então, corresponder à reivindicação e se deixar sustentar por aquilo que está acima do humano. Nem o ser-aí humano nem o mundo é *fazível* [*machbar*]; nisso consiste a sua facticidade. O ser humano é determinado e conformado pelo "imprepensável"; nisso consiste

---

226. HEIDEGGER, M. *Aus der Erfahrung des Denkens* [Da experiência do pensamento]. Op. cit., p. 88.

a sua facticidade. Apenas enquanto o ser humano permanecer fiel à sua submissão, à sua facticidade, ele estará protegido de se tornar "escravo" das "intrigas". Seres humanos são, segundo Heidegger, "ouvintes de sua origem". A distração que, em *Ser e tempo*, distrai o ser--aí da possibilidade da existência autêntica, faz o ser humano agora surdo para a língua da origem: "O encorajamento do caminho da floresta fala apenas enquanto há humanos que, nascidos em seu ar, podem ouvi-lo. Eles são ouvintes de sua origem, mas não escravos de intrigas [...] O perigo espreita de que os de hoje tenham problemas de audição para sua linguagem. Cai sob seus ouvidos ainda apenas o barulho do aparato que eles praticamente tomam pela voz de Deus. Assim, o ser humano se torna distraído e sem rumo. Ao distraído, o simples parece uniforme"[227].

"Livro" e "espelho" fazem a língua da origem audível. Filme e televisão, em contrapartida, fazem do ouvido surdo para ela. Os seres humanos se tornam com dificuldades de

227. Ibid., p. 89.

audição e distraídos. O livro é testemunho. O filme, em contrapartida, é intriga. Jarra e charrua apontam para a origem. Elas não são "aparatos". Rádio e televisão, em contrapartida, levam à ausência pátria. Heidegger constrói um mundo *autêntico* por força de uma distinção que é muito arbitrária. Falta a Heidegger justamente a *serenidade para o mundo*. A sua linguagem da paixão é violenta no sentido de que ela trabalha de maneira muito seletiva e excludente. Ela não é *afável*. Ao mundo não pertencem, afinal, apenas *Reiher* [garças] e *Reh* [corços], mas também *mouse* e Mickey Mouse.

# Um artista da fome

*Para encontrar a arte, eu quero quase
  dizer
Para nela penetrar, é preciso
Primeiramente muitas vezes a alma ter
  feito romper*
Robert Musil

Em uma carta a Max Brod, Kafka escreve: "A escrita é uma remuneração doce e maravilhosa, mas pelo quê? Durante a noite ficou claro para mim, com a nitidez de uma aula de intuição infantil, que ela é a remuneração por servir ao demônio"[228]. Escrita é paixão. Pressupõe um sofrimento. O escritor recebe uma remuneração por ter sido "beliscado, surrado e praticamente moído pelo demônio". Kafka admite, de fato, que possa haver "outra escrita"; por exemplo, "histórias" escritas "à luz do sol". Ele mesmo, porém, conheceria apenas essa escrita, "durante a noite, quando a angústia

---

228. BROD, M. & KAFKA, F. *Eine Freundschaft* [Uma amizade]. Op. cit., p. 377s.

não me deixa dormir". Assim, ele viveria sobre um "solo fraco ou completamente inexistente", "sobre uma escuridão da qual a escura violência sai segundo a sua vontade e, sem recuar frente ao meu gaguejar, destrói a minha vida". Kafka se pergunta se a sua vida seria melhor se ele não escrevesse mais, e nega [essa possibilidade]. A vida seria "então muito pior e completamente insuportável", e teria de terminar na "loucura": "A existência do escritor é verdadeiramente dependente da escrivaninha; não lhe é jamais verdadeiramente permitido, caso queira escapar à loucura, se afastar da escrivaninha; ele precisa se segurar [a ela] com os dentes".

A escrita, então, preserva a vida – mas uma vida que não é mais uma vida de verdade: "A escrita me preserva, mas não seria mais correto dizer que ela preserva esse tipo de vida?" A vida do escritor se assemelha à morte. Ele não vive, mas sim morre continuamente. Ele leva uma vida em vista da morte em sentido literal: "Eu permaneci barro, não fiz da faísca fogo, mas sim apenas a uso para a iluminação de meu cadáver". O escritor tem um "medo pavoroso de morrer, pois ele ainda não viveu". Ele não pode simplesmente "instalar-se em casa". O seu medo frente à morte é, então, fictício, pois ele ainda não viveu. Como se pode ter medo diante do fim da vida, quando não se conhece de modo algum a essa? Assim, Kafka se pergunta: "Com que direito me apavoro, eu que não estive em casa, de modo que a casa desmorona; sei afinal o que veio antes do desmoronamento, não emigrei e abandonei a casa a todas as forças más?

O escritor abandona a casa, torna-se o *peregrino* do deserto: "O deserto espiritual. Os cadáveres das caravanas de seus primeiros e últimos dias"[229]. O escritor é animado pelo desejo de *chegar*, de estar em casa; sim, de *idealizar* uma casa: "Saí do lar e preciso sempre escrever para casa, mesmo se todo lar há muito já deve ter nadado rumo à eternidade. Toda essa escrita não é nada senão a bandeira de Robinson no ponto mais alto da ilha".

---

229. KAFKA, F. *Nachgelassene Schriften und Fragmente II* [Escritos póstumos e fragmentos II]. Frankfurt a.M., 1992, p. 355.

A escrita é para casa. Ela é uma peregrinação por uma casa definitiva.

Escrita é paixão. Ela é uma tentativa de salvação contínua que, porém, se inverte no [seu] oposto. O escritor se salva no declínio [*Untergang*] em sentido literal. A salvação se mostra como fuga do mundo e de sua luz, [fuga] que, por sua vez, leva ao sufocamento. O escritor se enterra profundamente na crença de ter salvo um soterrado que, porém, possivelmente, é ele mesmo. Assim, ele se enterra vivo: "Não é o caso que você esteja soterrado na mina e que a massa da rocha te enfraqueça e te separe unicamente do mundo e de sua luz, mas sim você está lá fora e quer chegar ao soterrado e é impotente frente às pedras, e o mundo e a sua luz o fazem ainda mais impotente. E cada instante sufoca aquele que você quer salvar, de modo que você tem de trabalhar como um tolo e [assim] ele nunca irá sufocar, de modo que nunca lhe é permitido parar com o trabalho"[230].

A relação de Kafka com o mundo é primariamente de angústia. Essa faz toda serenidade

---

230. Ibid., p. 352s.

com o mundo impossível. O seu medo da morte irradia sobre tudo. Assim, ele também tem medo frente à mudança ou à viagem. A vida, que não é nada senão a iluminação do cadáver, é condenada a uma imobilidade morta. O escritor se encontra em um círculo vicioso da morte: ele tem medo frente à morte, pois ele não viveu; e ele não viveu, pois usa a vida apenas para a iluminação do cadáver.

O retrato do escritor de Kafka é muito ambivalente. O escritor não é apenas *homo doloris* [homem da dor], mas também *homo delectionis* [homem do deleite]. Isso porque ele não recusa inteiramente ao prazer. A escrita é uma "doce" remuneração por servir ao demônio. Ela é, possivelmente, mais doce do que a vida da qual ele abdica. O escritor é ele mesmo uma "construção da busca pelo prazer", que "continuamente zumbe em torno da própria figura ou de uma figura estranha [...] e a aprecia". Assim, ele se entrega ao prazer do belo: "Isso é o escritor. [...] Sento aqui na posição confortável do escritor, pronto para tudo o que é belo".

O escritor também é uma construção do prazer consigo mesmo [*Selbstgenusses*]. Ele pranteia ou adorna a *si mesmo*. Com as suas *doces* lágrimas, ele dá sustento ao seu corpo: "[E]le [o escritor] morre (ou ele não vive) e pranteia por si continuamente". Em vez de habitar o mundo, ele habita a *si mesmo*. O vício por si mesmo, o aferrar-se doentiamente ao Si torna, porém, a vida impossível: "É necessário para a vida apenas abdicar do prazer consigo mesmo". Kafka é recorrentemente tomado por um profundo remorso de não ter vivido a vida: "Eu poderia viver e não vivo". Também o remorso não é livre de prazer consigo mesmo: "Por que se tem então remorso, por que o remorso não para? Para tornar a si mesmo mais belo e palatável? Também isso".

Trata-se sempre do prazer, do próprio prazer ou do prazer do outro. O escritor é, assim se enuncia em outra passagem, alguém que tem de sofrer no lugar da "humanidade". Ele é um mártir. Ele suporta toda a culpa da humanidade sozinho. Ele carrega a cruz no lugar dela. Ao mesmo tempo, ele faz o pecado prazeroso: "Ele é a mula do pecado da humanidade, ele permite ao ser humano apreciar um pecado sem culpa, quase sem culpa". O escritor é ele mesmo, lembremos mais uma vez, uma "construção do vício pelo prazer". O escritor e a humanidade se tocam, então, no imperativo para o prazer.

Max Brod responde à teoria do escritor de Kafka: "Suas observações sobre o escritor – ora, ambos pertencemos, por mais que sejamos amigos, a tipos diferentes, claramente. Você se consola na escrita sobre algum negativo, seja ele real ou imaginado, de todo modo de um negativo da vida, sentido por você. Você consegue, então, ao menos escrever na infelicidade. Para mim, felicidade e escrita estão presas a um mesmo fio. Caso ele rasgue (oh, como ele é fraco!), então eu fico miserável. Mas, nessa condição, prefiro poder me honrar do que escrever. Você dirá: Escrever é o seu método de se honrar etc. – Mas não há um paralelismo. Isso pois eu não conheço justamente esse método de honrar. E só posso escrever quando estou em um grande equilíbrio psíquico. Esse equilíbrio certamente não é nunca tão grande que a escrita me seria dispensável. Aqui, nos tocamos"[231]. A isso responde Kafka que ele teria um relacionamento completamente diferente com a escrita e a felicidade, que ele fugiria da felicidade para [que possa] escrever: "E certamente existe essa diferença, que eu, se eu devesse ser feliz alguma vez por algo fora da escrita e do que se liga a ela, (eu não sei exatamente se eu fui) eu então justamente não seria mais capaz de escrever, de modo que então tudo que mal tivesse começado se inverteria imediatamente, pois a ânsia por escrever tem sempre o sobrepeso. Do que, porém, não se pode inferir uma qualidade fundamentalmente nata e honrada para a escrita"[232]. Não é "honrada" a sua abdicação à felicidade, pois ela penhora a felicidade por um prazer mais elevado que se chama escrita. O seu vício pelo prazer capitaliza também ainda o cadáver. O seu medo da morte vem possivelmente de que a morte seja o inteiramente outro do vício pelo prazer: "Minha vida foi mais doce do que

---

231. BROD, M. & KAFKA, F. *Eine Freundschaft* [Uma amizade]. Op. cit., p. 381.

232. Ibid., p. 385.

a dos outros, minha morte será [por isso] tão mais pavorosa". Não há, vista assim, nenhuma diferença fundamental entre a escrita que se baseia no "negativo" e a escrita que se funde inteiramente com a felicidade. O escritor *desjejua* para a escrita, que promete um prazer mais elevado. Ele se entregou fanaticamente ao desjejum; sim, à fome.

*Um artista da fome*, de Kafka, conta uma história da paixão do escritor. O conto começa com um diagnóstico do tempo: "Nos últimos anos, o interesse pelos artistas da fome retrocedeu muito". Vive-se, então, em um tempo que cada vez menos se interessa pela paixão da fome; sim, pela *paixão em geral*. Por outro lado, a paixão do "mártir" da fome não é puro sofrimento, pois abdicar do sustento o *alegra*: "Apenas ele sabia, pois também nenhum outro infiltrado sabia como a fome era leve. Ela era a coisa mais leve do mundo. Ele também não se calou, mas ninguém acreditou nele; tomaram-no, na melhor das hipóteses, como modesto; na maior parte das vezes, porém, como viciado pela publicidade". O artista da fome sofre sobretudo pela circunstância de que a sua fome, contra a sua vontade, sempre tem de terminar prematuramente. A sua fraqueza depois de um período de fome é apenas a "consequência do término prematuro da fome". A publicidade domina inteiramente a paixão. Assim, também se afirma do artista da fome que ele seria "viciado pela publicidade". O que conta sobretudo é produzir a maior atenção possível do "público": "Como maior período de fome o agente estabeleceu quarenta dias; além disso ele não deixou que ninguém passasse fome, também nas cidades do mundo, e, de fato, por uma boa razão. Por mais ou menos quarenta dias se poderia, de acordo com a experiência, por meio da publicidade gradualmente crescente, estimular sempre mais o interesse em uma cidade; depois, porém, o público não comparece, deixa-se constatar uma diminuição essencial da motivação". A paixão da fome, *como entretenimento*, segue ao ditado da publicidade.

O interesse da "massa viciada pelo prazer" diminui constantemente. O interesse ausente pela paixão da fome, pela paixão em geral, leva o artista da fome a um circo. Em uma jaula ao lado dos estábulos, o mártir da fome vive até seus últimos dias a sua existência precária, até que ele também aqui caia no completo esquecimento. Simplesmente não há mais nenhum interesse pela paixão da fome: "Habitua-se à peculiaridade de querer reivindicar atenção para um artista da fome nos tempos atuais, e com essa habituação se pronunciou o juízo sobre ele. Ele queria passar fome tão bem quanto ele podia, e ele o fez, mas nada mais o poderia salvar, se passava simplesmente direto por ele. Tente explicar a alguém o artista da fome!" A sua jaula da paixão representa agora apenas um "obstáculo no caminho para os estábulos": "Ocorreu uma vez a um guarda a jaula, e ele perguntou ao servente por que se tinha deixado sem uso e com palha apodrecida dentro dessa jaula perfeitamente utilizável; ninguém o sabia, até que alguém, com a ajuda de uma placa, lembrou-se do artista da fome. Cutucou-se com um pau a palha e se encontrou o artista da fome ali. 'Você ainda passa fome?', perguntou o guarda". À pergunta do guarda sobre por que ele tinha de passar fome, o artista da fome sussurra no seu ouvido uma confissão enigmática: "Porque não pude encontrar o prato que me agrada. Se o tivesse encontrado, confie em mim, não teria causado nenhuma sensação e teria me empanturrado como você e todos". A sua arte da fome se revela como uma *arte da negatividade*. Ele nega *todo* sustento. Ela diz não para tudo que *é*. Mas essa negatividade não produz um puro sofrimento. Nela justamente se baseia a sua felicidade. O artista da fome se "entrega de maneira demasiado fanática" à fome.

A história de paixão do artista da fome termina com aquela enigmática confissão. Ele é enterrado em meio à palha. Uma jovem pantera toma o seu lugar. A sua mudança para a jaula já traz a todos um grande alívio, uma "recuperação que pode ser sentida mesmo pelo sentido mais entorpecido". O animal bem alimentado representa uma contrafigura do mártir da fome, da *paixão* em geral. Flui de sua faringe uma alegria de viver sem nostalgia. "O sustento que o apetece lhe é trazido pelo guarda sem longa reflexão; nem mesmo a liberdade parece lhe fazer falta; esse corpo nobre, equipado com todo o necessário quase ao ponto de se romper, parecia trazer consigo também a liberdade; ela parecia se esconder em algum lugar na [sua] mordida; e a alegria de viver vinha com uma forte brasa de sua faringe, de tal modo que não era fácil para os espectadores contê-la. Mas eles se superavam, rodeavam a jaula e não queriam de modo algum se afastar". A "massa viciada pelo prazer" corre agora para o animal em felicidade, para essa nova curiosidade no *circo*. Ela se identifica completamente com a alegria de viver, que flui com uma forte brasa da faringe do animal. A afirmação hedonista da vida traz, evidentemente, uma cura da *paixão da negação*.

Tanto o animal hedonista como o artista da fome levam uma existência em aprisionamento. Esse [aprisionamento], contudo, claramente não exclui a felicidade. Talvez ele até mesmo a pressuponha. A jovem pantera concretiza a felicidade sem paixão, a alegria de viver sem nostalgia. Certamente é cômica ou absurda a liberdade que se esconde em algum lugar na mordida. Mas a liberdade do mártir da fome, a saber, a liberdade da negação, não é menos problemática. E a felicidade do animal hedonista, que corresponde ao prazer digestivo, não é mais aparente, não é mais enganosa do que a felicidade da negação.

A arte como paixão é, possivelmente, sempre uma arte da fome, que faz com que a negação de tudo que *é* se inverta, de fato, em um prazer. Assim, o mártir da fome recebe uma "remuneração doce, maravilhosa" pela negatividade de sua existência. O artista da fome e o animal hedonista não se distinguem fundamentalmente um do outro. O imperativo da felicidade liga-os profundamente.

# Serenidade em relação ao mundo

*Bom entretenimento é um dos meios que se cuida de ter, para esquecer a ausência de Deus*

Enfático é o conceito de arte de George Steiner. Arte é transcendência e metafísica. No seu íntimo, ela é religiosa. Ela nos traz ao "sagrado contato" com aquilo que "transcende"[233]. Ela é uma "epifania que se torna forma". Ela "faz com que algo transluza"[234]. Toda arte "de grandeza imperiosa" – Steiner menciona explicitamente Kafka – é um "apontamento" "para uma dimensão transcendental", "para aquilo que é vivenciado ou explicitamente – quer dizer, ritualisticamente, teologicamente, pela revelação – ou implicitamente como situado

---

233. STEINER, G. *Von realer Gegenwart* – Hat unser Sprechen Inhalt? [Do presente real – Tem a nossa fala conteúdo?]. Munique, 1990, p. 295.

234. Ibid., p. 294.

fora do âmbito imanente do puramente mundano"[235]. Um "hálito visível da alteridade"[236] anima a arte. Essa sempre se afixa a uma "alteridade", a uma "aura do espanto"[237]. A arte nos faz perceber que "somos vizinhos próximos do desconhecido"[238].

Também para Steiner vale: *arte é paixão*. Apenas a paixão tem acesso à transcendência: "Quer queiramos quer não, a sobrepujante, universalmente válida obscuridade e o imperativo para a busca extenuante que constitui o núcleo o ser humano nos coloca em próxima vizinhança da transcendência. Poesia, arte, música são o *meio* dessa vizinhança"[239]. Artistas são *homo doloris* [homem da dor]. As "percepções conhecedoras e [as] figuras no jogo da representação metafísica, na poesia e na música" contam, segundo Steiner, da "dor e da esperança", da "carne com gosto de cinza". O

---

235. Ibid., p. 283.

236. Ibid., p. 276.

237. Ibid., p. 275.

238. Ibid., p. 294.

239. Ibid., p. 281s.

luto da cinza é o movente da arte. Todas as formas de expressão da arte são *formas de paixão*. Elas "se originam de uma imensurabilidade do aguardar [*Warten*] e do esperar [*Erwarten*]"[240]. A verdadeira arte como paixão permanece voltada à morte. Uma resistência heroica contra a mortalidade caracteriza a arte da paixão. Entretenimento, em contrapartida, é imanência. Ele não é carregado com o potencial metafísico. Assim, ele é efêmero e fadado à morte.

Adorno está, no que diz respeito à teologização da arte, muito próximo de Steiner; pensa, porém, de maneira diferente da dele. Apesar de sua tendência para a *paixão absoluta*, ele reconhece certos pontos de convergência entre arte e entretenimento. Que se cite novamente a sua palavra: "Entretenimento [*Amusement*], completamente sem amarras, não seria simplesmente o oposto da arte, mas também o extremo que a toca". Onde o entretenimento, por sua vez, também se desamarra da paixão, ele toca a arte. Não apenas à elevação teológica da arte, mas igualmente

---

240. Ibid., p. 302.

também ao desacorrentamento teológico do entretenimento falta a *serenidade*. O puro sentido e o puro sem-sentido convergem em uma histeria.

A história da arte não é necessariamente história da paixão. Dor, angústia e solidão não são os únicos impulsos para a produção artística de formas. O presente da arte não tem de consistir no apontamento para a transcendência. A *arte da imanência* ou *a arte do efêmero* não é uma contradição. Nela habita também uma relação inteiramente outra com a morte e com a finitude. A sua expressão não é nem o reflexo do cadáver iluminado nem a resistência heroica contra a morte. A paixão kafkiana pela morte deve dar lugar a uma inocência consciente. Em uma entrevista, Robert Rauschenberg esclarece o seu relacionamento com a morte: "*Barbara Rose*: em suas pinturas não há morte. [...] É interessante que nunca, em todos os anos nos quais tomou constantemente novas direções em seu trabalho artístico, você tenha chegado a pinturas da morte. *Robert Rauschenberg*: Sempre disse que a morte não tem nada a ver com a vida. Essas são duas coisas diferentes, e também deveriam ser. Se é inocente, então deve continuar assim. E inocência não significa virgindade. Só se tem virgindade uma vez. A inocência precisa ser mantida todos os dias"[241].

Para Rauschenberg, a arte não se define fora do mundo, não [se define] "fora do âmbito imanente e puramente mundano". A sua arte é uma *arte da imanência*. Ela não se remove do mundo. Uma afabilidade serena, uma "doçura" em relação ao mundo caracteriza a sua arte: "Certo. O próximo nível é a doçura. Por mais que seja apenas uma lata velha, isso não me impede de me apaixonar por ela"[242]. A arte da imanência de Rauschenberg habita, adorna, idealiza o cotidiano, o efêmero, o finito. Se a sua arte é de alguma forma religiosa, então ela é uma religião da imanência ou da cotidianidade. O que importa é descobrir

---

241. *Kunst Heute*, n. 3: "Robert Rauschenberg im Gespräch mit Barbara Rose" [Robert Rauschenberg em entrevista com Barbara Rose]. Colônia, 1989, p. 127.

242. Ibid., p. 124.

a espiritualidade do cotidiano, do modesto e do efêmero. O artista esquadrinha o mundo, volta-se amorosamente às coisas cotidianas e conta a *sua* história: "Agrada-me a experiência de que uma camisa se transforma quando ela está ao sol ou quando se vai nadar com ela ou se um cachorro dorme nela. Eu gosto das histórias de objetos"[243]. Rauschenberg se distancia continuamente da arte da transcendência e do seu *pathos* [paixão] metafísico-religioso. Também lhe estranharia muito aquela *paixão pela verdade*, que é própria a Barnett Newman. A tarefa da arte consiste, segundo Newman, "arrancar do nada a verdade"[244].

Arte significa *vida*. Vida significa, nisso Kafka certamente tem razão, abdicar ao "prazer consigo mesmo". O que importa, então, é evitar a repetição do Eu: "Não quero que minha personalidade se torne clara na pintura. Por isso deixo sempre a televisão ligada. E a janela aberta"[245]. Rauschenberg deixa a janela

243. Ibid., p. 101.

244. Ibid., p. 290.

245. Ibid., p. 79.

aberta para que nenhuma interioridade monádica obstrua a sua vista do mundo. A televisão des-*interioriza* [*ent-innerlicht*] o Eu, *desvia-o* para o mundo. Ela *des-passionaliza* [*ent-passioniert*] o Eu. Ela é, por assim dizer, um instrumento para uma distração originária. Se é distraído do Si pelo mundo. Rauschenberg faz claramente um uso espiritual da televisão. A arte é uma *distração do mundo* explícita. A arte não se deve necessariamente a uma vida em vista da morte e focada. Contra os artistas que pintam apenas os seus pesadelos, que apenas habitam e adornam a sua interioridade, Rauschenberg observa: "Sou da seguinte opinião: Se trabalho, olho em volta e registro o que está ao meu redor. Quando registrei algo, toquei algo, movi algo, então começa algo"[246]. O que importa é tirar a atenção do Eu e levá-la para as *coisas lá fora*. Essa distração também penetra no corpo: "Quero libertar o meu corpo, a minha cabeça e o meu pensamento de meu ego"[247]. É justamente essa libertação que

---

246. Ibid., p. 90.

247. Ibid., p. 93.

Kafka não consegue. "Não me resgatei por meio da escrita. Morri por toda minha vida e agora morrerei verdadeiramente"[248]. Também o medo da morte que pesava sobre Kafka se conecta com uma hipertrofia do Eu: "Além disso, tenho de me libertar dos meus medos. Assim, toda a energia que surge de minha corporeidade pode se movimentar livremente. Acredito que medos são iguais ao ego. Talvez ambos tenham parentesco entre si"[249].

Menos ego significa mais mundo, e menos medo significa mais serenidade. Também o relacionamento descontraído de Rauschenberg com o entretenimento se baseia em uma *serenidade em relação ao mundo*: "Amo assistir televisão e sempre a deixo ligada. Não gosto quando as pessoas trocam sempre os programas e interrompem os *shows*. Prefiro ver por inteiro um *show* ruim"[250]. Rauschenberg apontaria para o fato de que o entretenimento tam-

---

248. BROD, M. & KAFKA, F. *Eine Freundschaft* [Uma amizade]. Op. cit., p. 378.

249. "Robert Rauschenberg im Gespräch..." ["Robert Rauschenberg em entrevista..."]. Op. cit., p. 93.

250. Ibid., p. 99s.

bém pertence ao mundo, que a televisão *também* é uma janela para o mundo, que ele a deixa ligada, assim como ele deixa a janela aberta, que se pode aprovar o entretenimento sem se sucumbir [assim] imediatamente a ele. *Nada excluir* enuncia, pois, o seu lema: "*Barbara Rose*: Você realmente tem a necessidade de ver tudo e de se relacionar com tudo. *Robert Rauschenberg*: Eu acredito que é exatamente esse o ponto. *Barbara Rose*: Mas aí também há a necessidade de não excluir nada. Tudo tem de ser reunido – incluir em vez de excluir"[251]. Ser afável também significa "colocar tudo junto". O lema de Rauschenberg para a arte é: preparar para o mundo e para as coisas uma *recepção afável*. A arte como paixão é, em contrapartida, muito seletiva ou excludente. Não é própria a ele nenhuma afabilidade. A *arte da afabilidade* de Rauschenberg abre um mundo inteiramente outro, uma outra *cotidianidade*, que se furta tanto à arte da paixão como também ao entretenimento. Nem a paixão nem o entretenimento conhecem

---

251. Ibid., p. 83.

o afável *olhar ao redor de si mesmo*. A eles se prende uma cegueira. Eles não conhecem a *afabilidade serena em relação ao mundo*.

A arte da afabilidade de Rauschenberg toma *parte* do mundo. Ela é *um* dos acessos possíveis ao mundo. Nesse sentido, não haveria nenhuma prioridade absoluta da arte. Também assistir televisão é um acesso, uma janela para o mundo, que Rauschenberg, por isso, deixa sempre aberta. Também *shows* são *mantenedores do mundo* [*welthaltig*]. Contra Heidegger, Rauschenberg objetaria que assistir televisão não significa necessariamente pobreza de mundo, que o mundo de Heidegger teria a sua própria pobreza, que ele excluiria muito, que uma particular distância do mundo habita o pensamento heideggeriano, que Heidegger não conhece nenhuma *serenidade em relação ao mundo*. Também depois de quinze anos a sua relação com a televisão não mudou fundamentalmente. Apenas à morte que bem se aproxima ele atribui uma inquietude: "Em quase todo quarto há uma televisão ligada 24 horas por dia. [...] Eu simplesmente preciso delas. Se elas não estivessem ali, então, seria quase como a morte. Eu seria separado de tudo. Então, restaria para mim apenas ainda a arte"[252].

---

252. "Ich habe meinen Himmel [Eu tenho meu céu] – Entrevista com Robert Rauschenberg". In: *Die Zeit*, 12/01/2006.

# Uma metateoria do entretenimento

*Aproveite O TEMPO* [DIE ZEIT].
*Die Zeit*[253]

O que é, então, entretenimento? Como se pode explicar que ele parece atualmente estar ligado a tudo: "Infotainment, Edutainment, Servotainment, Confrontainment, Doku-Drama"?[254] O que produz esses "formatos híbri-

---

253. Jornal semanal alemão de circulação nacional, publicado em Hamburgo [N.T.].

254. Referência a formas híbridas de mídia, nas quais o entretenimento é integrado a outros meios de comunicação: *infotainment,* "infotenimento" (mistura de notícias e entretenimento), *edutainment,* "edutenimento" (mistura de educação e entretenimento), *servotainment,* "servotenimento" (mistura de programas de aconselhamento e entretenimento), *confrontainment,* "confrontenimento" (mistura das entrevistas políticas com entretenimento), *Doku-Drama,* "docudrama" (mistura de documentário e entretenimento) [N.T.]. • WESTERBARKEY, J. "Von allerley Kurzweyl oder vom wissenschaftlichen Umgang mit einem antiquierten Begriff [De todo tipo de diversão ou do trato científico com um conceito antiquado]". In: WESTERBARKEY, J. et al. (ed.). *A/Effektive Kommunikation* – Unterhaltung und Werbung [Comunicação A/Efetiva]. Münster, 2003, p. 13-24, aqui p. 21.

dos" cada vez mais numerosos de entretenimento? Seria o entretenimento, de que tanto se fala hoje, apenas um fenômeno batido, que de fato ganha um significado atualmente por algum motivo; no qual, porém, não se anuncia nada de novo? Enuncia-se em um estudo: "Pode-se retorcer e interpretar o quanto quiser: humanos simplesmente se entretêm de bom grado – sozinhos, com outros, sobre outros e sobre Deus e o mundo, e eles são completamente loucos por histórias de aventura, imagens coloridas, música da boa e jogos de todos os tipos – em suma: por *communication light* [luz de comunicação], pela participação sem coação e sem altas demandas e regras. Supostamente foi sempre assim e continuará assim, enquanto formos programados para a obtenção de prazer e para a felicidade"[255]. A ubiquidade do entretenimento hoje não aponta, então, para nenhum processo incomum, para nenhum acontecimento único que não existia antes? Ou ela anuncia de fato algo de extraordinário, que caracteriza ou constitui

255. Ibid., p. 13.

o *hoje*? "Tudo [é] entretenimento – ora, claro"[256]. No entanto, não é tão claro assim. É tudo menos claro que tudo deve ser entretenimento. O que se passa aqui? Se trataria de uma mudança de paradigma?

Nos últimos tempos, empreendeu-se a tentativa de trazer o entretenimento ao conceito. Parece, porém, haver algo no fenômeno do entretenimento que se furta obstinadamente a uma [de]marcação conceitual. Assim, domina uma certa perplexidade no que diz respeito à determinação do conceito. Não se pode escapar dessa dificuldade simplesmente por meio de uma historicização do fenômeno: "frequentemente faz sentido começar com o desenvolvimento histórico; pois isso é, na maior parte das vezes, mais esclarecedor do que começar com uma definição. Como tantos outros fenômenos, o entretenimento começou no século XVIII, porque é primeiramente no século XVIII que surgiu a diferença

---

256. VORDERER, P.: "Was wissen wir über Unterhaltung [O que sabemos sobre entretenimento?]. In: *A/Effetive Kommunikation* [Comunicação A/Efetiva]. Op. cit., p. 111-131, esp. p. 111.

entre trabalho e tempo livre"[257]. A nobreza não precisa de entretenimento porque ela não realiza nenhum trabalho regrado. Ocupações dos nobres como concertos ou peças de teatro estariam "mais para atividades comunais do que para entretenimento". Nenhum trabalho regrado significa: nenhum tempo livre. Nenhum tempo livre significa: nenhum entretenimento. Segundo essa tese, o entretenimento é uma atividade com a qual se preenche o tempo livre. Assim, afinal, é definido o entretenimento. Justamente essa definição implícita do fenômeno constrói primeiramente a sua facticidade histórica. À historização, que deveria servir para tornar a definição superficial, antecede, paradoxalmente, uma definição. Mais convincente, *pelo menos* livre de contradição, seria a tese de que sempre houve entretenimento: "Os gregos não apenas encenavam no teatro, mas também, segundo a Penélope livre, a ladainha da *U-Musik*; e Nausícaa se regozijava com as suas amigas em um jogo de bola,

---

257. WESTERBARKEY, J. "Von allerley Kurzweyl... [De todo tipo de diversão...]. Op. cit., p. 13.

enquanto a onda de Odisseu batia na praia. Casas reais medievais financiavam não apenas mosteiros, mas também mantinham bobos da corte"[258]. Não faz muito sentido a afirmação de que os gregos ou os romanos não conheciam nenhum entretenimento porque não havia, na época, a separação entre tempo de trabalho e tempo livre.

A ubiquidade do entretenimento não se deixa reduzir simplesmente ao fato de que há cada vez mais tempo livre, de que o entretenimento, por causa do aumento do tempo livre, ganha cada vez mais significado. O que há de particular no fenômeno atual do entretenimento consiste muito antes em que ele vai além do fenômeno do tempo livre. O Edutenimento, por exemplo, não se relaciona prioritariamente com o âmbito do tempo livre. A ubiquidade do entretenimento se expressa como

---

258. THOMAS, H. "Was scheidet Unterhaltung von Information [O que distingue entretenimento de informação]". In: BOSSHART, L. & HOFFMANN-RIEHM, W. (eds.). *Medienlust und Medienutz* – Unterhaltung als öffentliche Kommunikation [Vontade de mídia e uso de mídia – Entretenimento como comunicação pública]. Munique, 1994, p. 62-80, aqui p. 71.

a sua totalização, que suspende, justamente, a separação entre trabalho e tempo livre. Neologismos como *Labotainment* [Trabatenimento], ou *Theotainment* [Teotenimento] também não seriam oximoros. A moral seria um *Allotainment* [Loteatenimento]. Assim, surge uma *cultura das inclinações*. Falta inteiramente àquela historização que situa o entretenimento no século XVIII a particularidade *histórica* do fenômeno *atual* do entretenimento.

Atualmente se aponta frequentemente para a ubiquidade do entretenimento: "o fenômeno cintilante, vago do 'entretenimento' é, primeiramente, um conceito neutro e aberto. Também a informação pode entreter, também o conhecimento, o trabalho, sim, o próprio mundo"[259]. Em que medida o próprio mundo pode entreter? Anuncia-se aqui uma nova compreensão do mundo ou da realidade? Apontaria o brilho ou a vagueza do conceito de entretenimento possivelmente para um acontecimento especial que leva a uma totalização do entretenimento? Se mesmo o

---

259. Ibid., p. 70.

trabalho tem de entreter, então o entretenimento se desprende inteiramente de sua referência àquele tempo livre como um fenômeno histórico; ou, em outras palavras, que surgiu no século XVIII. O entretenimento é, então, muito mais do que uma atividade com a qual se mata o tempo livre. Seria até mesmo pensável um *cognitenimento*. Esse casamento híbrido de saber e entretenimento não está necessariamente ligado com o tempo livre. Ele formula, muito antes, uma relação inteiramente outra com o saber. O *cognitenimento* é oposto ao *saber como paixão*, ao saber, pois, que seria idealizado, sim, teologizado ou teleologizado como fim em si mesmo.

Também para Luhmann, o entretenimento é apenas "um componente da cultura moderna do tempo livre, que está familiarizada com a função de aniquilar o tempo superficial"[260]. Ao definir entretenimento, ele se orienta pelo modelo do jogo. Entretenimentos são como jogos; nessa medida, "epi-

---

260. LUHMANN, N. *Die Realität der Massenmedien* [A realidade das mídias de massas]. Op. cit., p. 96.

sódios", como a realidade apreendida neles como jogo, realidade que se separa da realidade normal, tem uma limitação temporal. "Não se trata, então, da passagem para um outro modo de conduzir a vida. Só se está temporariamente ocupado com isso, sem se desistir de outras chances ou sem poder jogar fora outros incômodos. [...] Ele [o jogo] marca a si mesmo como jogo em cada turno; e ele pode ruir a cada momento, se se torna repentinamente sério. O gato pula no tabuleiro de xadrez"[261]. Claramente, escapa a Luhmann a novidade do fenômeno do entretenimento de hoje. O entretenimento escapa, agora, àquela limitação temporal e funcional. Ele não é mais "episódico", mas sim se torna, por assim dizer, *crônico*. Isto é, ele parece não mais dizer respeito apenas ao tempo livre, mas também *ao próprio tempo*. Não há, portanto, nenhuma diferença entre gato e tabuleiro de xadrez. Sim, o gato mesmo se entrega ao jogo. Por trás da ubiquidade do entretenimento se esconde, possivelmente, a sua totalização sorrateira. O

261. Ibid., p. 97.

entretenimento trata, então, *para além de episódios*, simplesmente de produzir um novo "modo de conduzir a vida", uma nova *experiência do mundo e do tempo*.

Segundo Luhmann, um sistema constrói a sua própria realidade com auxílio de um código binário. É constitutivo, por exemplo, para o sistema científico, a distinção *verdadeiro/falso*. O código binário decide sobre aquilo que *realmente é*. O sistema das mídias de massas, ao qual pertence o entretenimento, juntamente com as esferas das notícias e da propaganda, opera com o código binário *informação/não informação*: "Cada uma dessas esferas usa o código informação/não informação, por mais que em execuções muito diferentes; mas eles se distinguem por razão dos critérios que são postos no fundamento da escolha de informações"[262]. O entretenimento escolhe a informação segundo critérios diferentes do que as notícias ou a propaganda. O código binário informação/não informação é, porém, universal demais, impreciso demais para marcar o

---

262. Ibid., p. 51.

particular do entretenimento ou também das mídias de massa, pois a informação é, segundo Luhmann, constitutiva para a *comunicação em geral*. Ela não é, então, nenhuma especificidade das mídias de massa. *Toda* comunicação pressupõe que uma informação é escolhida, partilhada e entendida. Como um mero âmbito circunscrito das mídias de massa, o entretenimento tem, além disso, uma existência marginal. Assim, Luhmann não pode nem apreender nem explicar a ubiquidade do entretenimento, que faz com que ele vá muito além do âmbito da mídia de massas.

Edutenimento, por exemplo, não se restringe ao sistema das mídias de massas, no qual Luhmann subsume o entretenimento. Ele pertence, propriamente, ao sistema da criação. O entretenimento parece, atualmente, se atracar a todo sistema social e modificá-lo de maneira correspondente, de modo que sistemas produzem suas próprias formas de entretenimento. Justamente o infotenimento apaga as fronteiras entre notícias e entretenimento como uma esfera circunscrita das mídias de massa. A teoria de sistemas de Luhmann não consegue abranger formatos híbridos. O entretenimento irrompe agora para fora daquele "enclausuramento ficcional" que o distingue de notícias. Além disso, nem sempre está dado de maneira unívoca o "quadro externo"[263] que sinaliza que se trata de um entretenimento, de um jogo. É possível, sim, que o mundo mesmo tenha se tornado um tabuleiro. O pulo do gato seria, então, uma *jogada*. O quadro "tela" marca de fato, o filme [*Spielfilme*] com entretenimento, mas inclui igualmente notícias. Já a igualdade do quadro externo leva a que entretenimento e notícias se misturem. Também as fronteiras entre "realidade real" e "realidade ficcional", que marcam o entretenimento, tornam-se cada vez mais fluidas. O entretenimento já abrangeu há muito tempo também a "realidade real". Ele transforma agora o sistema social como um todo, sem marcar propriamente, porém, a sua presença. Assim, parece se estabelecer um *hipersistema*, que é coextensivo com o mundo. O código binário *entretém/não entretém*, que está no seu fundamento, deve decidir o que é

---

263. Ibid., p. 98.

*passível de pertencer ao mundo* [*weltfähig*] e o que não é, sim, o que *é* em geral.

O entretenimento se eleva a um novo paradigma, a uma nova fórmula de mundo e de ser. Para *ser*, para pertencer ao *mundo*, é preciso ser algo que entretém. Apenas aquilo que entretém é *real* ou *efetivo*. Não é mais relevante a distinção entre mundo fictício e mundo real, à qual o conceito de entretenimento de Luhmann ainda se aferra. A própria *realidade* parece ser um *efeito* do entretenimento.

A totalização do entretenimento pode aparecer como declínio para o espírito da paixão. Em seu fundamento, porém, paixão e entretenimento são irmanados. O estudo presente aponta de muitas maneiras para a sua convergência oculta. Não é por acaso que o artista da fome de Kafka, como figura da paixão, e seu animal hedonista, apesar de suas diferentes compreensões do tempo e da liberdade, habitam *a mesma jaula*. Eles são, de fato, duas figuras no *circo*, que *sempre se alternarão*.

Para ver os livros de
# BYUNG-CHUL HAN

publicados pela Vozes, acesse:

livrariavozes.com.br/autores/byung-chul-han

ou use o QR CODE

Conecte-se conosco:

- **f** facebook.com/editoravozes
- **[Instagram]** @editoravozes
- **X** @editora_vozes
- **[YouTube]** youtube.com/editoravozes
- **[WhatsApp]** +55 24 2233-9033

www.vozes.com.br

Conheça nossas lojas:

www.livrariavozes.com.br

Belo Horizonte – Brasília – Campinas – Cuiabá – Curitiba
Fortaleza – Juiz de Fora – Petrópolis – Recife – São Paulo

**EDITORA VOZES LTDA.**
Rua Frei Luís, 100 – Centro – Cep 25689-900 – Petrópolis, RJ
Tel.: (24) 2233-9000 – E-mail: vendas@vozes.com.br